Kindersicherheit
Gefahren erkennen,
Gefahren vermeiden

Kindersicherheit
Gefahren erkennen, Gefahren vermeiden

Jürgen Brück

Der Autor

Jürgen Brück, Jahrgang 1965, arbeitet nach einem technischen Studium als freier Journalist und Autor in den Bereichen Wissenschaft und Technik, u. a. für „Bild der Wissenschaft", „Spektrum der Wissenschaft" und die „Süddeutsche Zeitung". Zudem ist er erfolgreicher Autor zahlreicher populärwissenschaftlicher Sachbücher und Ratgeber. Jürgen Brück lebt mit seiner Frau und seinen drei Kindern in Bonn.

Herausgeber: DIN Deutsches Institut für Normung e. V.
ISBN 978-3-410-17103-4

© 2009 Beuth Verlag GmbH
Berlin • Wien • Zürich
Internet: www.beuth.de

Konzept und Realisation: twinbooks, München
Redaktion: twinbooks, München
Umschlaggestaltung: H3A GmbH, München
Gestaltung und Satz: H3A GmbH, München

Bildquellenverzeichnis
AOK: 60, 71, Beuth Verlag GmbH: 131, Das sichere Haus: 38, 48, 49, 59, Deutsche Verkehrswacht e. V.: 31, Ingram Publishing: 130, Shutterstock: 9, 11, 12, 14, 16, 24, 25, 26, 28, 35, 40, 47, 53, 56, 58, 64, 74, 79, 81, 84, 85, 87, 89, 91, 95, 96, 99, 100, 105, 115, 117, 120, 122, 125, 129, BAG Sicherheit für Kinder e. V.: 18, 30, 37, 42, 45, 46, 50, 86, Fotolia: 20, 21, 41, 67, 92, TÜV Rheinland: 22, 55, 69, 109, Titelfoto: Udo Kroener – fotolia.com

Gedruckt auf säurefreiem, alterungsbeständigem Papier nach DIN 6738

Vorwort

Alle Eltern sind sich wohl darüber einig, dass es eine ganz besondere Freude ist, den eigenen Kindern beim Aufwachsen zuzusehen. Kinder sind wissbegierig und neugierig, sie wollen vom ersten Tag an die Welt kennenlernen. Und so gehen sie, je nach motorischen und kognitiven Möglichkeiten, so bald wie möglich auf Entdeckungsreise. Wie es aber bei Reisen in unbekannte und bisweilen auch wilde Länder der Fall ist, lauern an vielen Ecken Gefahren auf die Kleinen. Besonders für kleine Kinder kann das leicht brenzlig werden, weil sie noch nicht so gut unterscheiden können, was für sie gefährlich ist und was nicht.

An diesem Punkt sind Sie als Eltern ganz besonders gefordert. Es geht zwar nicht darum, Ihre Kinder in Watte zu packen und stets am Händchen durch das Leben zu führen, aber zu einem gesunden Maß an elterlicher Fürsorge gehört es, die Kinder vor den ärgsten Gefahren zu bewahren. Wie Sie von Anfang an auf Nummer sicher gehen und Ihren Kindern eine Umgebung schaffen können, in der sie ihren Entdeckungsdrang ungehemmt und gefahrlos ausleben können, erfahren Sie in diesem Buch.

Dabei geht es auch darum, das richtige Maß zu finden, denn Kinder müssen natürlich auch ihre eigenen Erfahrungen machen und aus ihnen lernen können. Nur so werden sie selbstständig und können gefährliche Situationen einschätzen und angemessen auf sie reagieren.

Die DIN-Ratgeber werden laufend überarbeitet. Wenn Sie etwas vermissen oder ergänzen möchten, würden wir uns über einen entsprechenden Hinweis freuen. Bitte schreiben Sie hierzu an den Beuth Verlag, Redaktion DIN-Ratgeber, Burggrafenstr. 6, 10787 Berlin, oder schicken Sie eine E-Mail an ratgeber@beuth.de. Sie können auch den Link „Kontakt" auf unserer Webseite www.din-ratgeber.de nutzen. Hier finden Sie übrigens auch weitere Infos zu den Themen unserer Ratgeber. Schauen Sie doch mal rein.

Inhalt

Vorwort 5

Kindersicherheit – Damit Kinder sicher aufwachsen 8

**Schützend begleitet in jedem Alter –
Sicherheit, die mitwächst** 10
Unfallgefahren und Entwicklung · Die Entwicklung des
kindlichen Gefahrenbewusstseins · Altersgruppenspezifische
Gefahren · Wahrnehmung der Umwelt · Unfallverhütung ist
Elternsache

CHECKLISTE: Das Gefahrenbewusstsein – Wie sensibilisiere
ich mein Kind für Gefahren 33
WISSENSWERTES zur Selbstverteidigung 34

**Gefahren vermeiden –
So schützen Sie Ihr Kind** 36
Gefahrenquellen zu Hause· Gefahren auf dem Spielplatz ·
Gefahrenquellen im Freien · Gefahren bei Sport und Freizeit ·
Sicher im Straßenverkehr · Gesundheitsvorsorge
CHECKLISTE: Ist der Spielplatz kinderfreundlich und sicher? 76
WISSENSWERTES zum Notfallverhalten 78

So fühlt sich Ihr Kind rundum wohl –
Das sichere und pädagogisch eingerichtete
Kinderzimmer   80
Sorgsame Planung · Kinderfreundliche Einrichtung und
Ausstattung · Sicherheitsmaßnahmen · Ergonomische
Möbel · Sinnvoller Fernsehkonsum · Sicher unterwegs
im Internet · Kindgerechte Produkte kaufen
CHECKLISTE: Woran erkenne ich gute Möbel?   111
WISSENSWERTES zu Prüf- und Gütezeichen   112

Betreuungseinrichtungen und Versicherungen –
Ein Kind optimal absichern   114
Betreuungseinrichtungen · Auswahl des richtigen
Kindergartens · Versicherungen für Ihr Kind
CHECKLISTE: Welche Rahmenbedingungen sind bei
Versicherungen für Kinder zu beachten?   127
WISSENSWERTES zur Betreuungsauswahl   129

Infoteil   130
DIN-Normen geben Sicherheit   130
Erklärungen zu den wichtigsten Begriffen   132
Häufig gestellte Fragen   134
Nützliche Adressen und Websites   136
Literaturtipps   138

Register   142

Kindersicherheit
Damit Kinder sicher aufwachsen

Insgesamt verunglücken in Deutschland jährlich über 1,5 Millionen Kinder. Statistiken weisen nach, dass sich in der Bundesrepublik ungefähr alle 18 Sekunden ein Kind so schwer verletzt, dass es ärztlich versorgt werden muss. Damit gehören Unfälle zu den größten Gesundheitsrisiken für Kinder überhaupt. Diese Zahlen zeigen, wie wichtig es für Eltern ist, sich Gedanken zu machen, wie sinnvolle Maßnahmen zur Verhütung von Kinderunfällen aussehen können.

Unfälle gehören zu den größten Gesundheitsrisiken für Kinder. Eltern sollten sich daher Gedanken darüber machen, wie sie das Aufwachsen ihrer Kinder möglichst sicher gestalten können.

Bevor Sie über konkrete Maßnahmen nachdenken, sollten Sie sich über einige wichtige Grundlagen informieren: Denn die verschiedenen Phasen in der kindlichen Entwicklung haben auch ganz unterschiedliche Unfallrisiken zur Folge. Eltern sollten dabei versuchen, sich in ihre Kinder hineinzuversetzen und zu verstehen, wie Kinder ihre Umwelt wahrnehmen. Ferner ist es wichtig, sich klarzumachen, welche besonderen Anforderungen z. B. im Haushalt auf Eltern zukommen und wie Sie diesen veränderten Sicherheitsaspekten am besten gerecht werden können.

Mittelpunkt Kinderzimmer

Ein zentraler Ort im Leben eines jeden Kindes ist das Kinderzimmer. Das Kinderzimmer hat viele unterschiedliche Funktionen zu erfüllen und muss so gestaltet und eingerichtet sein, dass sich Ihr Kind dort wohlfühlt und zugleich sicher und geborgen ist. Wenn Ihre Kinder größer werden, spielen auch die Medien wie z. B. das Internet eine immer wichtigere Rolle in ihrem Leben. Aber auch hier lauert eine nicht unbeträchtliche Anzahl von unliebsamen Erfahrungen, wenn Sie keine Vorkehrungen treffen. Medienkompetenz müssen Kinder erst lernen.

Gefahren beseitigen

Risiken für Kinder lauern fast überall, ob auf dem Schulweg, im Haushalt und im Garten, beim Sport und in der Freizeit. Man sollte versuchen, diese Risiken planvoll und systematisch zu vermeiden. Kinder sollen zwar nach Herzenslust toben und spielen können, doch die Eltern sollten sich vorher vergewissern, dass die verwendeten Spielgeräte keine Gesundheitsrisiken darstellen und unnötige Gefahrenquellen und -situationen vermeiden.

Den sicheren Umgang mit Gefahren, z. B. im Internet, lernen Kinder in Anleitung durch ihre Eltern.

Sichere und sorglose Kindheit

Kindergarten oder Kindertagesstätte – wo sollte man sein Kind in Obhut geben? Die verschiedenen Arten der Einrichtungen und die unterschiedlichen pädagogischen Konzepte bei der Betreuung von Kindern aller Altersstufen stellt Eltern immer wieder vor grundsätzliche Entscheidungen.
Einige hilfreiche Hinweise erleichtern die Auswahl der passenden Betreuungseinrichtung. Ferner zählt auch der Aspekt einer sinnvollen Absicherung speziell für Kinder zu einer sorglosen Kindheit. Welche Versicherungen sind sinnvoll und welche Leistungen können Sie hierbei erwarten.

Kindersicherheit umfasst nicht nur die Vermeidung und Beseitigung von Gefahren, sondern auch die Auswahl der Betreuungseinrichtung und eine sinnvolle finanzielle Absicherung.

Schützend begleitet in jedem Alter

Kapitelübersicht Unfallgefahren

Unfallgefahren
und Entwicklung 10

Die Entwicklung des
kindlichen Gefahren-
bewusstseins 17

Altersgruppenspezifi-
sche Gefahren 21

Wahrnehmung der
Umwelt 24

Unfallverhütung ist
Elternsache 28

Sicherheit, die mitwächst

Für Eltern ist es zunächst wichtig, sich in die Lage ihres Kindes zu versetzen, um Unfallrisiken gezielt ansprechen bzw. minimieren zu können.

Bevor es darum gehen soll, wo die konkreten Gefahren für Unfälle bei Kindern lauern und was Sie unternehmen können, um diesen entgegenzuwirken, sollen in diesem Kapitel zunächst einige grundlegende Fragen behandelt werden. Dabei stehen die Stufen der kindlichen Entwicklung und die Gründe für das erhöhte Unfallrisiko bei Kindern im Zentrum des Interesses. Die besondere Rolle der Eltern stellt einen weiteren Aspekt dar, dem sich dieses einführende Kapitel widmen will.

Unfallgefahren und Entwicklung

Ganz entscheidend bei der Beurteilung, ob eine Situation für ein Kind unkalkulierbare Risiken und Gefahren birgt, ist eine grundlegende Kenntnis der kindlichen Entwicklung. Deren wichtigste Phasen sollen Sie nun kennenlernen. Die besondere Aufmerksamkeit gilt dabei der Frage, in welchem Alter (bzw. in welchem

Entwicklungsstadium) ein Kind in welcher Weise auf gefährliche Situationen reagiert und ab wann es in der Lage ist, Gefahren selbstständig zu erkennen und darauf angemessen zu reagieren.

Entwicklung des Gefahrenbewusstseins

Jeder, der eigene Kinder hat, weiß, wie neugierig, impulsiv, übermütig und teilweise auch unberechenbar die Kleinen manchmal sein können. Besonders ihre Grenzen kennen sie häufig noch nicht. Kinder lernen jedoch von Anfang an: Schon als Säuglinge durchlaufen sie bisweilen enorme Entwicklungsschübe und schulen ihr Wahrnehmungsvermögen sowie ihre motorischen, emotionalen und sozialen Fähigkeiten. So versetzen sie sich im Lauf ihrer Entwicklung immer mehr in die Lage, ein Gefahrenbewusstsein zu entwickeln und gefährlichen Situationen aus dem Weg zu gehen. Mehr dazu siehe Seite 17.

Die Schwerpunkte bei Kinderunfällen sind eng mit den verschiedenen Entwicklungsphasen verknüpft. Hier spielen Motorik und Sensorik, aber auch das Bewusstsein für Gefahren eine Rolle.

Sehvermögen

Man geht davon aus, dass es erst im Alter zwischen zehn und zwölf Jahren dem Sehvermögen eines Er-

Der kindliche Bewegungsdrang, z. B. beim Dreiradfahren im Freien, entwickelt sich schon früh. Dass das Wahrnehmungsvermögen und die Motorik kleinerer Kinder noch nicht so weit ausgeprägt ist, birgt jedoch viele Gefahren.

Bis zu einem Alter von etwa zehn Jahren ist das Gesichtsfeld von Kindern stark eingeschränkt und es fällt ihnen schwer, Entfernungen, z. B. herannahender Fahrzeuge, richtig einzuschätzen.

wachsenen entspricht. So sehen Kinder bis zu einem Alter von etwa sieben Jahren beispielsweise ein großes Auto immer besser als ein kleines Auto, auch wenn beide Fahrzeuge gleich weit vom Kind entfernt sind. Auch das Gesichtsfeld eines Kindes ist zunächst deutlich eingeschränkt. Es umfasst ungefähr 30 % weniger als bei einem Erwachsenen. Das heißt, dass Kinder das, was Erwachsene aus den Augenwinkeln sehen können, noch lange nicht wahrnehmen.

Auch die Tatsache, dass Kinder – bedingt durch ihre Größe – die Welt quasi von unten wahrnehmen, macht sie unfallanfälliger als Erwachsene, denn Kindern ist dadurch der Blick auf manche Vorgänge, vor allem im Straßenverkehr, oft eingeschränkt.

Schließlich läuft bei Kindern auch die Umstellung vom Nah- auf das Fern-Sehen deutlich langsamer ab als bei Erwachsenen, denn die Anpassung der Augen funktioniert bei ihnen noch nicht so gut. Das hat zur Folge, dass die Kleinen bisweilen in Umstellungsphasen eine Zeit lang „ins Leere blicken" und in diesen Augenblicken Hindernisse und Gefahren nicht optisch wahrnehmen können.

Hörvermögen

Das Hörvermögen eines Kindes ist erst im Alter von fünf oder sechs Jahren voll ausgebildet. Aber selbst dann bestehen bisweilen noch gravierende Unterschiede zum Hörvermögen eines Erwachsenen. Kinder können auch noch ab einem Alter von sechs Jahren bisweilen Schwierigkeiten haben, Geräusche voneinander zu unterscheiden und daher oft nur schwer ausmachen, woher ein Geräusch kommt. Je jünger ein Kind ist, desto weniger kann es eine Schallquelle genau lokalisieren. Kleine Kinder können also beispielsweise noch nicht mit Sicherheit sagen, ob ein Geräusch, das sie hören, von der Seite oder von hinten kommt, denn eine exakte Geräuschlokalisierung gelingt ihnen nur in einem Winkel von 30°. Außerdem kommt es immer wieder vor, dass sie von hinten oder seitlich kommende Geräusche einfach überhören.

Erst mit ca. acht Jahren ist ein Kind in der Lage, auch Höreindrücke wirkungsvoll zu nutzen, wenn es darum geht, Gefahren zu erkennen. Jedoch muss man sich auch bei Kindern in diesem Alter immer vor Augen führen, dass sie sich noch sehr leicht ablenken lassen, wenn sie sich im gleichen Moment auf andere Dinge konzentrieren.

Motorik

In den ersten Lebensmonaten bewegen Säuglinge Arme und Beine gleichzeitig und nur wenig gezielt. Dieses Strampeln kann aber bisweilen bereits recht gravierende Folgen haben. Die Bewegungen können bisweilen so heftig und unvermittelt sein, dass das Kind hierdurch von der Wickelkommode oder aus einer Trageschale stürzen kann, obwohl man dies den Kleinsten von ihrer Körperkraft her meist nicht zutrauen würde.

Von da an verändern sich die Fähigkeiten des Kindes stetig. Es lernt langsam laufen, wird nach ersten unsicheren Schritten immer sicherer und hat Spaß an der Bewegung. Schließlich nimmt das Kind Bewegungsabläufe wie Hüpfen, Rennen und Rückwärtslaufen in sein Repertoire auf, was es aber auch zunehmend anfälliger für Stürze macht.

Den Kindern gelingt es in jungen Jahren noch nicht so gut, die Balance zu halten. Das liegt daran, dass bei kleinen Kindern der Kopf im Verhältnis zum Körper noch größer und schwerer ist als bei Erwachsenen. Dadurch liegt der Körperschwerpunkt viel höher und

Bereits die motorischen Fähigkeiten von Säuglingen sollte man nicht unterschätzen.

Bei Übungen wie dem Balancieren auf umgestürzten Baumstämmen erproben Kinder ihre Motorik. Mit der Freude an der Bewegung steigt jedoch auch das Unfallrisiko.

die Kinder geraten schneller ins Straucheln. Im Laufe des Wachstums gleicht sich dieses Ungleichgewicht in den Körperproportionen allmählich aus.

Dennoch ist es wichtig, Kinder nicht zu überschätzen. Vielen Menschen ist beispielsweise nicht bekannt, dass Kinder bis ins Vorschulalter hinein einmal begonnene Bewegungsabläufe häufig nicht rechtzeitig unterbrechen oder kontrollieren können. Sie bleiben dann z. B., auch wenn es nötig ist, nicht abrupt stehen (z. B. an einer befahrenen Straße, wenn sie einem Ball hinterherlaufen und ein Auto kommen sehen), sondern lassen ihren Lauf in der Regel langsam austrudeln. Auch die Koordination von Sehen und Bewegung entwickelt sich nur langsam. Das bedeutet, dass ein Kind normalerweise nur nach vorn schaut, ohne zu registrieren, was rechts und links von ihm geschieht.

Unterscheidung von links und rechts

Auch die Unterscheidung zwischen links und rechts fällt Kindern oft nicht leicht. Ungefähr mit sechs oder sieben Jahren können sie aus ihrer Sicht links und rechts voneinander unterscheiden. Hier ist allerdings die Einschränkung „aus ihrer Sicht" entscheidend, denn es dauert noch durchschnittlich bis zum zehnten Lebensjahr, bis sie diese Unterscheidung aus der Eigenperspektive auch auf andere, z. B. auf ein entgegenkommendes Fahrzeug, übertragen können. Dies spielt z. B. beim Erlernen und Anwenden von Vorfahrtsregeln im Straßenverkehr eine Rolle und bereitet hier vielen Kindern Schwierigkeiten.

Reaktionsvermögen

Die Reaktionsfähigkeit eines Kindes kommt erst im Alter von etwa 15 Jahren der eines Erwachsenen gleich. Bis dahin reagieren Kinder deutlich langsamer als Erwachsene. Die Reaktionszeit eines Fünfjährigen ist beispielsweise in der Regel doppelt so lang wie die, die Sie von sich selbst kennen. Einige Untersuchungen kommen zu dem Ergebnis, dass die Reaktionszeit von Mädchen sogar noch ein wenig langsamer ist als die von gleichaltrigen Jungen.

Auch dies kann zu einer Menge brenzliger Situationen führen. Rollt z. B. ein Ball auf die Straße, kann es eine ganze Weile dauern, bis das Kind, das ihn holen will, dem Ball hinterherläuft. Ein Autofahrer wird dann unter Umständen denken, das Kind habe ihn gesehen, und warte deshalb ab, bis er vorbeigefahren ist. Dadurch bedingt, wird der Autofahrer seine Geschwindigkeit nicht wesentlich verlangsamen oder gar anhalten. Wenn das Kind dann schließlich doch auf die Straße läuft, fehlt dem Autofahrer oft die Zeit, entsprechend zu reagieren.

Bis zu einem Alter von etwa 15 Jahren reagieren Kinder deutlich langsamer als Erwachsene. Dies kann vor allem im Straßenverkehr zu einer falschen Einschätzung von kindlichen Reaktionen durch andere Verkehrsteilnehmer führen.

Einschätzen von Geschwindigkeiten

Bis zur Einschulung, also bis zu einem Alter von etwa sechs Jahren, sind Kinder nur bedingt in der Lage, Geschwindigkeiten richtig einzuschätzen. Kinder, die

EXPERTEN-TIPP

Motorische Fähigkeiten nicht überschätzen
Die motorische Entwicklung eines Kindes geht – im Vergleich zu anderen Lebewesen – recht langsam vonstatten. Sie steht vor allem in keinem Verhältnis zur Körpergröße des Kindes. Dies birgt häufig die Gefahr, Kinder in ihrer motorischen Entwicklung zu überschätzen; denn auch ein groß gewachsener Dreijähriger verfügt über die motorischen Fähigkeiten eines Kindes in seinem Alter und nicht etwa über die Fähigkeiten eines älteren Kindes in der entsprechenden Größe.

Je älter ein Kind wird, desto besser sind Motorik und Sensorik entwickelt. Damit treten im Schulalter aber auch Verletzungsrisiken durch unfallträchtige Sportarten wie z. B. Skateboarden in den Vordergrund.

jünger als vier Jahre sind, können dies für gewöhnlich gar nicht.

Bei Drei- oder Vierjährigen ist es sogar so, dass sie durch das bloße Hinsehen (z. B. ohne zusätzliche Berücksichtigung des Hörsinns) nicht unbedingt immer unterscheiden können, ob ein Auto fährt oder steht. Zudem stellen sie einen in Wirklichkeit nicht immer automatisch gegebenen Zusammenhang zwischen der Lautstärke des Motors und der Fahrgeschwindigkeit her. So empfinden sie häufig ein lautes, aber langsames Auto als wesentlich schneller als ein leises, schnelles und umgekehrt.

Aufmerksamkeit und Konzentration

Unter den bisher genannten Punkten klang es immer wieder einmal an, dass bei Kindern entwicklungsbedingt auch die Aufmerksamkeit und Konzentration noch nicht mit der von Erwachsenen vergleichbar ist. Dies ist ein sehr wichtiger Punkt, wenn es darum geht, Gefahren und Unfälle zu vermeiden. Daher sollen hier noch einmal die wichtigsten Aspekte aus diesem Bereich zusammengefasst werden.

Bis zu einem Alter von ungefähr vier Jahren achtet ein Kind überhaupt nur auf solche Gefahren in seiner Umgebung, die es seinem Alter und seiner Entwicklung entsprechend besonders interessieren. Alles andere wird ausgeblendet.

Erst ab einem Alter von etwa fünf Jahren können Kinder ihre Aufmerksamkeit bewusst auf einen Punkt oder eine Situation lenken. Wenn Sie Ihr Kind in diesem Alter ermahnen, bestimmte Gefahrenquellen genau zu beachten, wird es dies eine Zeit lang auch beherzigen. Kinder in diesem Alter vergessen die Warnungen jedoch auch schnell wieder, weshalb Eltern Hinweise auf mögliche Gefahren fortwährend wiederholen müssen. Die Konzentrationsfähigkeit nimmt von diesem Zeitpunkt an stetig zu. Man kann davon ausgehen, dass sie sich in einem Alter von acht Jahren auch über längere Zeiträume schon recht gut konzentrieren können. So werden viele Kinder z. B. ihren Schulweg mit acht Jahren bereits aufmerksam und ohne Probleme bewältigen können.

Erst in einem Alter von 14 Jahren sind Kinder und Jugendliche ebenso wie Erwachsene dazu in der Lage, sich auf zwei Dinge gleichzeitig zu konzentrieren – etwa dem Gespräch mit einem Freund oder einer Freundin zu folgen und gleichzeitig den Straßenverkehr aufmerksam im Auge zu behalten.

Die Entwicklung des kindlichen Gefahrenbewusstseins

Nicht nur die motorische und sensorische Entwicklung eines Kindes spielen eine Rolle, wenn es darum geht, Unfälle zu vermeiden. Ebenso wichtig ist die Ausbildung des kindlichen Gefahrenbewusstseins. Denn nur, wer sich potenzieller Gefahren bewusst ist, kann diese auch gezielt vermeiden. Bei Kindern verläuft diese Entwicklung für gewöhnlich in drei Stufen ab. Hierbei gilt es jedoch zu beachten, dass sich alle Kinder unterschiedlich entwickeln und die hier gemachten Altersangaben nur Durchschnittswerte sind, von denen es auch Abweichungen geben kann.

Die Einschätzung und Vermeidung von Gefahren hängt entscheidend von der Entwicklung des Gefahrenbewusstseins ab. Dies verläuft bei Kindern in drei Stufen.

Erste Stufe: Gefahren identifizieren

Die Entwicklung des Gefahrenbewusstseins setzt ungefähr mit dem vierten Lebensjahr ein. Zwar können auch kleinere Kinder bemerken, dass etwas für sie nicht gut

Kinder zwischen vier und acht Jahren können negative Erfahrungen wie eine Verbrennung am Herd bereits auf ähnliche Situationen übertragen.

ist – z. B., wenn sie auf eine heiße Herdplatte fassen –, dennoch spricht man in diesem Fall noch nicht von einem Gefahrenbewusstsein: Hierbei handelt es sich lediglich um das Phänomen, dass die Kinder durch eine negative Erfahrung vorsichtiger werden. Auf ähnliche Situationen können sie die einzelne Erfahrung jedoch noch nicht übertragen. So können sie z. B., wenn sie sich einmal am Herd verbrannt haben, nicht erfassen, dass heiße Dinge grundsätzlich für sie gefährlich sein können.

In einem Alter zwischen vier und acht Jahren können Kinder akute Gefahren erkennen. Das bedeutet aber nur, dass die Kinder lernen, zu erkennen, ob in einer bestimmten Situation eine Gefahr lauert oder nicht. Zumeist sind sie aber noch nicht in der Lage, sich vor den Gefahren auch zu schützen. Kinder in diesem Alter klettern z. B. auf einen Baum und bemerken erst dort, dass die Situation für sie gefährlich sein könnte, weil auch die Möglichkeit besteht, herunterzufallen. Sie ziehen aber nicht automatisch den Rückschluss, das Klettern beim nächsten Mal lieber zu unterlassen.

Zweite Stufe: Gefahren voraussehen

In einem Alter zwischen vier und acht Jahren sind Kinder in der Lage, akute Gefahren zu erkennen, meist jedoch noch nicht, sich auch vor ihnen zu schützen.

Ungefähr ab einem Alter von acht Jahren erreichen die Kinder die zweite Stufe des Gefahrenbewusstseins. Sie identifizieren die Gefahren nicht mehr nur in der akuten Situation, sondern können auch vorausschauend erkennen, wo genau Risiken lauern. Aber nicht nur gefährliche Situationen, sondern auch Verhaltensweisen, die zu Gefährdungen führen könnten, können Kinder in diesem Alter vorausschauend erkennen. Übertragen auf das Beispiel vom Kletterbaum, bedeutet das: Ein Kind verfügt über ein vorausschauendes Gefahrenbewusstsein, wenn ihm bereits vor dem Klettern klar ist, dass es sich dabei durchaus um eine gefährliche Situation handeln kann. Es weiß also schon vorher um die Möglichkeit, während des Kletterns vom Baum herunterzufallen.

Weitere Konsequenzen werden aus diesem Wissen aber auch in dieser Phase für gewöhnlich nicht gezogen. Man darf also von Kindern zwischen acht und zwölf Jahren nicht erwarten, dass sie lieber nicht auf den Baum klettern oder zumindest dabei mehr Vorsicht walten lassen, weil sie die potenzielle Gefahr erkannt haben. Gerade das vorausschauende Bewusstsein einer Gefahr macht oft den Reiz eines verlockenden Abenteuers aus.

Dritte Stufe: Gefahren vorbeugen
Erst, wenn sich Kinder in einem Alter von zehn bis zwölf Jahren auf der dritten Stufe des Gefahrenbe-

Zwischen acht und zehn Jahren können Kinder Gefahren auch vorausschauend identifizieren. Sie ziehen aus dieser Kenntnis aber meist noch keine weiteren Schlüsse.

EXPERTEN-TIPP

Soziale Kompetenz zur Gefahrenaufklärung nutzen
Die meisten Kinder entwickeln erst im Verlauf ihres dritten Lebensjahres ein Interesse dafür, was Menschen zu einem bestimmten Handeln bewegt. In dieser Phase kann ein Kind seine eigenen Wünsche manchmal schon zugunsten anderer etwas zurückstellen. Gegen Ende des vierten Lebensjahres ist Ihr Kind erstmals in der Lage, sich vorzustellen, dass andere anders denken und fühlen als es selbst. Nun wird auch ein Interesse an Rollenspielen wach, was Sie gut nutzen können, um Ihr Kind spielerisch auf Gefahren aufmerksam zu machen.

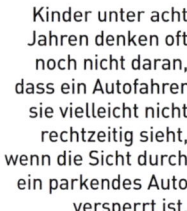

Kinder unter acht Jahren denken oft noch nicht daran, dass ein Autofahrer sie vielleicht nicht rechtzeitig sieht, wenn die Sicht durch ein parkendes Auto versperrt ist.

wusstseins befinden, sind sie nicht nur in der Lage, gefährliche Situationen bloß zu erkennen, sondern auch dazu, die richtigen Schlüsse aus dieser Erkenntnis zu ziehen, also Maßnahmen zu ergreifen, um die Gefahren zu verhindern oder zu verringern.

Die meisten Kinder werden nun nicht mehr einfach so den Baum hinaufklettern, sondern, wenn sie das Risiko überhaupt eingehen wollen, sich zumindest zum einen überlegen, ob der Baum überhaupt ihr Gewicht tragen kann und zum anderen, wie sie möglichst sicher hinaufkommen, z. B. indem sie ihren Weg in die Baumkrone zuvor planen und verschiedene Möglichkeiten, wie sie sicher hinaufkommen können, abwägen.

In einem Alter zwischen zehn und zwölf Jahren können Kinder bereits gefahrvermeidende oder -verringernde Maßnahmen ergreifen.

Ein anderes Beispiel: Das Anlegen von Schienbeinschonern vor dem Fußballspiel erfolgt nun auch in dem Bewusstsein, dass die Schützer die Kinder vor schlimmen Verletzungen bewahren können und nicht mehr nur, weil die großen Idole aus der Bundesliga auch solche Schoner tragen.

Zusammenfassend kann man also sagen, dass Kleinkinder überhaupt kein Gefahrenbewusstsein besitzen,

Vorschulkinder eine Gefahr zumindest identifizieren können, Kinder in der Grundschule auch dazu in der Lage sind, Gefahren vorauszusehen und Kinder, die die weiterführende Schule besuchen, die Fähigkeit besitzen, Unfallfolgen gezielt vorzubeugen.

Altersgruppenspezifische Gefahren

Nun soll es darum gehen, in welchem Entwicklungsstadium welche Gefahren ganz besonders immanent sind. Denn bestimmte Unfallrisiken verlieren mit zunehmendem Alter an Bedeutung, während neue Gefahrenquellen hinzukommen. Das ist leicht verständlich, wenn man bedenkt, dass mit neuen Fähigkeiten auch immer veränderte Bedürfnisse und Interessen eines Kindes verbunden sind.

Säuglinge und Kleinkinder

Bei Säuglingen und Kleinkindern bis zu einem Alter von vier Jahren passieren Unfälle vor allem im häuslichen Bereich, denn hier halten sich die Kleinsten die meiste Zeit auf. In den ersten Lebensjahren leben sie ihren Bewegungsdrang und ihre Neugier insbesondere in einem kleinen, begrenzten Rahmen wie der elterlichen Wohnung oder des Eigenheims aus. Neugier und die noch nicht so hoch entwickelten körperlichen und geistigen Fähigkeiten sind in diesem Alter auch die häufigsten Gründe für Unfälle.

Bei Säuglingen und Kleinkindern bis vier Jahre passieren Unfälle vor allem in der elterlichen Wohnung.

Kinder im Vorschulalter

In einem Alter von etwa vier oder fünf Jahren erweitert sich der kindliche Aktionsradius zunehmend. Damit verlagern sich die Unfälle auch aus dem häuslichen Bereich vermehrt in die nun beginnenden Freizeit- und

Sportaktivitäten. Hierbei kommt es statistisch gesehen besonders häufig zu Stürzen und Zusammenstößen. Oft sind auch eine schlechte Bodenbeschaffenheit, Nässe und falsches Schuhwerk sowohl bei der körperlichen Betätigung im Freien als auch im Alltag, z. B. auf dem Weg in den Kindergarten, dafür verantwortlich, wenn Kinder stolpern oder ausrutschen. In diesem Alter spielen auch Unkenntnis, kindlicher Übermut und Selbstüberschätzung bei Unfällen häufig eine Rolle.

Im Vorschulalter verlagert sich der Unfallschwerpunkt vermehrt in den Freizeit- und Sportbereich.

Schulkinder

Mit dem Eintritt ins Schulalter rückt der Straßenverkehr als eine der häufigsten Quellen von Unfällen immer mehr ins Zentrum des Interesses. Bereits der Schulweg, der für gewöhnlich während der morgendlichen Rush-Hour absolviert werden muss, stellt höchste Anforderungen an die Aufmerksamkeit und Konzentration der Kinder. Selbst wenn die Kinder bereits alle erdenkliche Vorsicht walten lassen und sich wie vorbildliche Verkehrsteilnehmer verhalten, geht eine nicht zu unterschätzende Gefährdung nun zunehmend auch von anderen Verkehrsteilnehmern aus.

Die schulische Verkehrserziehung unter polizeilicher Anleitung hilft Unfällen beim Radfahren im Straßenverkehr vorzubeugen.

Immer öfter sind die Kinder, teilweise auch schon mit dem Fahrrad, nun auch in der Freizeit allein unterwegs, z. B. auf dem Weg zu Freizeitaktivitäten oder Freunden. Damit wachsen auch die Anforderungen an sie als Verkehrsteilnehmer. Zwar kommt nun auch die Verkehrserziehung in der Schule hinzu, dennoch bringt der zunehmend erweiterte Aktionsradius z. B. durch unübersichtliche Straßenführungen, breite Straßen und starken Innenstadtverkehr auch weiteres Gefährdungspotenzial mit sich.

Schulkinder sind vermehrt im Straßenverkehr unterwegs. Unübersichtliche Straßenführungen, breite Straßen und starker Verkehr verstärken hierbei das Unfallrisiko.

Altersabhängige Unfallschwerpunkte

Jedem Alter entsprechen besondere Unfallgefahren, die in diesen Altersgruppen besonders häufig sind. Die folgende Übersicht zeigt, welche Unfälle dies, bezogen auf die verschiedenen Altersstufen, im Einzelnen sind.

Alter	Unfallschwerpunkt
0 – 6 Monate	Sturzunfälle, vor allem von der Wickelkommode Transportunfälle Ersticken (z. B. an kleinteiligem verschlucktem Spielzeug)
ca. 7 Monate – 4 Jahre	Verschlucken von kleinen Gegenständen Vergiftungen/Verätzungen (z. B. durch Reinigungsmittel, ätherische Öle, Lampenöle, Medikamente oder giftige Pflanzen) Verbrühungen/Verbrennungen Stürze beim Treppensteigen Stürze durch Lauflernhilfen Elektrounfälle Ertrinken (z. B. in Gartenteichen, Planschbecken)
ab ca. 5 Jahren	Sport- und Freizeitunfälle, vor allem Stürze und Zusammenstöße Verkehrsunfälle

Wahrnehmung der Umwelt

Wenn Sie den Alltag und die Umgebung für Ihr Kind sicherer machen wollen, sollten Sie ein Verständnis dafür entwickeln, wie die Kleinen ihre Umwelt wahrnehmen. Versetzen Sie sich also in die Lage Ihres Kindes und lernen Sie so, die Welt mit seinen Augen zu sehen.

Kleine Forscher und Forscherinnen

Sobald Kinder mobil werden, beginnen sie damit, ihre Umwelt zu erforschen und ihren enormen Wissensdurst zu stillen. Die Eltern sollten diese frühen Forschungsaktivitäten auf jeden Fall unterstützen, da sie für die Entwicklung des Kindes ungeheuer wichtig sind und das Kind auf diese Weise auch seine Umwelt und – auf seinen frühesten Erfahrungen aufbauend – später auch Grenzen und Gefahren kennenlernt.
Bei Kleinkindern ist dabei besondere Aufmerksamkeit gefordert, da so gut wie nichts vor ihnen sicher ist. Eltern, die schon Kinder im Krabbelalter hatten, können ein Lied davon singen, wie schon die Kleinsten die unterschiedlichsten Gegenstände entdecken, betasten und vor allem in den Mund stecken.
Sobald Kinder krabbeln können, müssen daher kleine Objekte, die verschluckt werden könnten, scharfe Gegenstände, an denen sich Kinder verletzen können sowie Reinigungsmittel, giftige Pflanzen, Medikamente etc., die ein Vergiftungsrisiko darstellen, außerhalb der Reichweite von Kindern aufbewahrt werden (Näheres hierzu in den folgenden Kapiteln).

Kleine Prinzen und Prinzessinnen

Wenn Ihr Kind ungefähr das dritte Lebensjahr erreicht hat, entsteht bei ihm das Bewusstsein von sich selbst als Person (man spricht hier auch von Ich-Bewusst-

Eltern sollten Kinder im Krabbelalter von ungeeignetem „Spielzeug" wie z. B. Streichhölzern fernhalten.

sein). Damit ist auch die Bewertung der eigenen Handlungen verbunden; die Kinder beginnen, Gefühle wie Stolz, Scham oder Verlegenheit auszubilden. Diese Tatsache kann eine wichtige Hilfe bei der Sicherheitserziehung sein. Sie können Ihrem Kind nun das Gefühl vermitteln, stolz darauf sein zu dürfen, wenn es dazu beigetragen hat, Unfälle zu vermeiden. Dazu gehört aber auch, dass Sie sinnvolle Regeln aufstellen, die das Leben Ihres Kindes sicherer gestalten und auf der Beachtung dieser Regeln konsequent bestehen.

Aber das aufblühende Selbstbewusstsein der Kinder bringt nicht nur positive, sondern auch gefährliche Seiten mit sich, denn bis sie etwa sieben Jahre alt sind, werden Kinder von den eigenen Wahrnehmungen und Gefühlen dominiert. Durch diese Ich-Bezogenheit übersehen sie häufig Gefahren und können Hindernisse oftmals nicht antizipieren.

Das bedeutet konkret: Kinder gehen davon aus, dass alle anderen Menschen im gleichen Moment das Gleiche hören, fühlen und empfinden wie sie selbst. Für sie ist es dann auch selbstverständlich, wenn alle Menschen ebenso handeln wie sie.

Das sich ab dem dritten Lebensjahr entwickelnde Ich-Bewusstsein sollte für die Sicherheitserziehung genutzt werden.

Dass ein Kind z. B. beim Aussteigen aus dem Auto ohne zu schauen auf die Straße rennt, weil es davon ausgeht, von anderen Verkehrsteilnehmern automatisch gesehen zu werden, ist ein häufig unterschätztes Unfallrisiko.

Im Kindergartenalter neigen Kinder häufig dazu, sich selbst zu überschätzen und blenden vertieft in ihre Fantasiewelt die realen Gefahren aus.

Welche Gefahren durch diese Sichtweise entstehen können, zeigt ein kleines Beispiel: Ein Kind, das versteckt zwischen Büschen am Straßenrand steht und ein Auto auf der Straße herannahen sieht, geht wie selbstverständlich davon aus, dass der Autofahrer es selbst auch sehen kann. „Ich sehe das Auto, also kann mich der Autofahrer auch sehen." So lässt sich diese ichbezogene Sichtweise kurz auf den Punkt bringen. Hinzu kommt ein weiterer häufiger Denkfehler, auf den viele Unfälle zurückzuführen sind. Er lässt sich kurz auf die Formel bringen: „Was ich nicht sehe, ist nicht da." Daher übersehen Kinder bis zu einem Alter von etwa sieben Jahren häufig Gefahren und können Hindernisse oft nicht vorhersehen.

Kleine Träumer und Träumerinnen

Von einem bestimmten Alter an, meistens ab dem Kindergartenalter, kann man bei den meisten Kindern einen deutlichen Ausbau der eigenen Fantasie erkennen. Plötzlich ist man dann von lauter kleinen Rittern, Feen und Elfen umgeben. Die Kinder können sich auf diese Weise nun bereits für eine längere Zeit kreativ nahezu ganz allein beschäftigen, was auch für die Entwicklung ihres Selbstbewusstseins wichtig ist. Zwar ermöglicht dies den Eltern einerseits, ihre stetige Wachsamkeit zu lockern, andererseits können sie auch nicht ständig auf ihre Kinder achtgeben und sofort zur Stelle sein, wenn etwas passiert.

Diese Phase birgt auch dadurch einige Gefahren, dass die Kleinen nun häufig dazu neigen, ihre eigenen Fähigkeiten zu überschätzen. Da wird ein Zweig schnell zum Laserschwert und das Kind zum „Supermann", die „Elfen" können von der Gartenmauer fliegen und die „Feen" retten sich mit ihren Zauberkräften aus jeder erdenklichen brenzligen Situation. Dadurch steigt auch das Unfallrisiko. Auch in dieser scheinbar so selbstständigen Lebensphase ist es also durchaus notwendig, dass die Eltern gerade bezüglich der Vermeidung von Gefahren und Unfallrisiken für ihre Kinder weiterhin mitdenken.

Zwar wachsen auch die Konzentrationsfähigkeit und die Aufmerksamkeit des Kindes mit dem Lebensalter, aber auch hier „ticken" Kinder noch lange anders als Erwachsene. Noch im beginnenden Schulalter, also zwischen fünf und sieben Jahren, folgt ihre Aufmerksamkeit z. B. dem jeweils stärksten Reiz. So werden etwa zwei Kinder ungebremst gegeneinanderlaufen, wenn sie beide denselben Luftballon fangen wollen. Leicht lassen sich die Kinder in ihrer Aufmerksamkeit auch von momentanen Interessen oder plötzlichen Ereignissen ablenken. So kann es dann schnell passieren, dass ein Kind, das in einem Moment noch aufmerksam den Straßenverkehr beachtet, im nächsten schon unaufmerksam über die Straße läuft, weil es z. B. über sich gerade einen Hubschrauber bemerkt hat.

Auch die Fähigkeit, Wichtiges von Unwichtigem zu unterscheiden, besitzen Kinder in diesem Alter noch nicht. So ist ihre Aufmerksamkeit beim Fußballspielen in der Garageneinfahrt meist nur auf den Ball und nicht auf den Verkehr gerichtet, der auf der benachbarten Straße herrscht.

Erst ab etwa sieben Jahren beginnen Kinder, zunehmend logisch zu denken. Damit beginnt ihre Denkweise, der eines Erwachsenen zu ähneln. Im alltäglichen Umgang merkt man das daran, dass es nun einfacher wird, mit ihnen zu verhandeln und ihnen bestimmte Sachverhalte zu erklären. Aber auch jetzt sollten Sie nicht den Fehler begehen, das Kind zu überschätzen. Erst ab etwa zwölf Jahren gleicht das Denken eines Kindes dem eines Erwachsenen.

Zwischen fünf und sieben Jahren folgt die Aufmerksamkeit von Kindern dem jeweils stärksten Reiz und es fällt ihnen schwer, Wichtiges von Unwichtigem zu unterscheiden.

Unfallverhütung ist Elternsache

Es liegt in der Verantwortung der Eltern, mögliche Gefahrenquellen zu beseitigen und ihre Kinder auf Risiken aufmerksam zu machen.

Die wichtigsten Bezugspersonen für Kinder sind ihre Eltern. Sie suchen Halt und Orientierung an den Erwachsenen und nehmen sich die Eltern zum Vorbild. Daher sind diese auch die wichtigsten Ansprechpartner, wenn es darum geht, Unfälle zu vermeiden.

Eltern als gute Vorbilder

Wer Kinder hat, kann mit Sicherheit davon ausgehen, dass die Kleinen früher oder später die eigenen Verhaltensweisen nachahmen und in ihr Spiel aufnehmen. Wenn die Kleinen sich so benehmen wie es Papa, Mama oder ältere Geschwister in einer bestimmten Situation getan haben, handelt es sich nicht nur um ein Spiel, sondern auch um einen wichtigen Beitrag zum Lernen. Die Kinder sammeln auf diese Weise spielerisch Erfahrungen darin, den Alltag zu meistern, Gefühle auszudrücken und mit Konflikten umzugehen. Kinder können durch Nachahmung aber auch lernen, wie sie sich am besten vor Gefahren schützen können. Ihre Kinder schauen sich nicht nur ab, wie Sie telefo-

Nur wenn Mutter oder Vater selbst z. B. den Zebrastreifen nutzen statt die Straße an einer ungesicherten Stelle zu überqueren, werden auch die Kinder dazu bereit sein, sich daran zu halten.

nieren, essen, putzen oder Zeitung lesen, sie beobachten Sie auch ganz genau, wenn sie mit gefährlichen Dingen oder Situationen umgehen, z. B. wie Sie ein Messer halten oder mit Werkzeugen umgehen und versuchen, diese Bewegungen nachzuahmen.
So werden Sie einem Kleinkind z. B. niemals beibringen können, den Zebrastreifen zu benutzen, wenn Sie selbst meist dort die Straße überqueren, wo Sie sich gerade befinden und einen nahe gelegenen Zebrastreifen stattdessen ignorieren oder es wird Ihnen schwerfallen, es Ihrem Kind begreiflich zu machen, dass es an der roten Ampel stehen bleiben soll, wenn Sie selbst das Signal nicht beachten.

Gefahrenquellen beseitigen

Eltern stehen vor der Herausforderung, ihrem Kind einen möglichst sicheren Rahmen zu schaffen, in dem es seinen Bewegungs- und Forschungsaktivitäten nachgehen kann, z. B. indem Sie spitze und scharfe Gegenstände aus der Reichweite des Kindes entfernen oder Steckdosen sichern. Um das bewerkstelligen zu können, müssen Sie zuerst die potenziellen Gefahrenherde kennen und wissen, wie Sie sie „entschärfen" können. Dabei steigen die Anforderungen mit dem im Lauf der Entwicklung größer werdenden Aktionsradius des Nachwuchses. Wie Sie bestimmte Gefahrenquellen möglichst gut beseitigen können, erfahren Sie in den weiteren Kapiteln des Ratgebers.

Indem Eltern z. B. gefährliche Gegenstände aus der Reichweite ihrer Kinder beseitigen etc., schaffen sie einen idealen Rahmen für eine möglichst ungestörte Entwicklung ihrer Kinder.

Auf Gefahren aufmerksam machen

Sie sollten aber nicht nur – heimlich, still und leise – alle Gefahren aus dem Bewegungsradius Ihres Kindes entfernen, sondern es auch immer wieder auf mögliche Gefahren aufmerksam machen. Denn auch, wenn Sie Ihre Wohnung zu einer theoretisch angenommenen

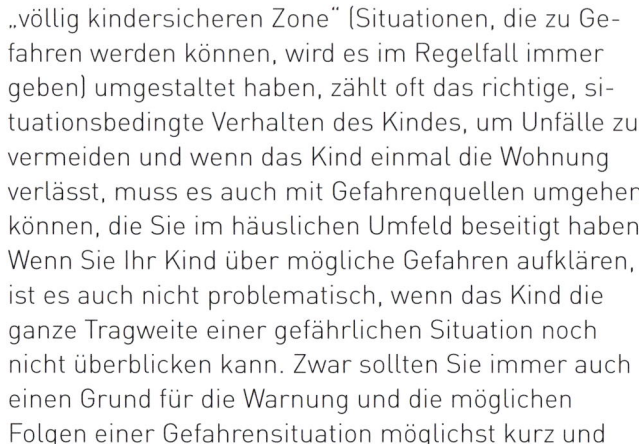

„völlig kindersicheren Zone" (Situationen, die zu Gefahren werden können, wird es im Regelfall immer geben) umgestaltet haben, zählt oft das richtige, situationsbedingte Verhalten des Kindes, um Unfälle zu vermeiden und wenn das Kind einmal die Wohnung verlässt, muss es auch mit Gefahrenquellen umgehen können, die Sie im häuslichen Umfeld beseitigt haben. Wenn Sie Ihr Kind über mögliche Gefahren aufklären, ist es auch nicht problematisch, wenn das Kind die ganze Tragweite einer gefährlichen Situation noch nicht überblicken kann. Zwar sollten Sie immer auch einen Grund für die Warnung und die möglichen Folgen einer Gefahrensituation möglichst kurz und prägnant, einfach und kindgerecht angeben, ist das Kind jedoch noch nicht in der Lage, dies auch hinreichend zu verstehen, hat oft allein schon die Tatsache der Erwähnung, dass ein bestimmter Gegenstand, ein Verhalten oder eine Situation ein Gefährdungsrisiko birgt, zur Folge, dass das Kind sich im Notfall daran erinnert und sich zur nötigen Vorsicht angehalten fühlt.

Kinder sind äußerst erfindungsreich z. B. wenn es darum geht, Gegenstände im oberen Regalbereich durch gewagte Kletterübungen zu erreichen.

Kinder nicht falsch einschätzen

Eigentlich müsste der Nachwuchs nun bestens geschützt durch die ersten Lebensjahre kommen. Schließlich verhalten Sie sich selbst vorbildlich, damit Ihr Kind von Ihnen sicherheitsbewusstes Verhalten lernen kann und sorgen darüber hinaus dafür, dass die größten Gefahrenquellen aus der Reichweite Ihres Kindes entfernt sind. Dennoch kommt es aber immer wieder zu Unfällen. Dafür sind einige weitere Faktoren verantwortlich. Häufig passiert es z. B., dass Eltern ihr Kind überschätzen. So können beispielsweise Fünfjährige bereits meist Ursachen und Folgen ihres Tuns ganz genau benennen, ihr Wissen aber oft nicht praktisch anwenden und umsetzen (siehe Seite 18). Hierdurch werden sie sich eventuell in eine Situation begeben, von der sie eigentlich wissen, dass sie gefährlich werden kann. Die Eltern gehen dann vielleicht irrtümlich davon aus, dass die Kinder ihr Gefahrenbewusstsein auch im Umgang mit bestimmten Risiken praktisch anwenden können und verhalten sich zu sorglos. Umgekehrt kann es aber auch zu Schwierigkeiten führen, wenn Eltern ihre Kinder unterschätzen. So ist der Erfindungsreichtum von Kindern, besonders wenn es darum geht, Hindernisse zu überwinden, nahezu grenzenlos. Da werden dann wackelige Türme aus Alltagsgegenständen konstruiert und erklommen, um den Schrank mit den Süßigkeiten zu erreichen oder versteckte gefährliche Gegenstände gesucht, entdeckt und ausprobiert. Dabei kennen die Kleinen häufig keine Angst, die sie von eventuellen Dummheiten abhalten könnte. Hier sollten Sie lieber zu viel als zu wenig Vorsicht walten lassen.

Sicherheitsmaßnahmen wie z. B. das Aufsetzen des Helms, bevor es auf Radtour geht, erfordern eine gewisse Routine.

Eile vermeiden

Eile und Hast sollten Sie im Umgang mit Kindern möglichst vermeiden, nicht nur, wenn Sie Ihr Kind auf mögliche Gefahren aufmerksam machen – schließlich bleibt ausführlich Erklärtes besser hängen, als nur „nebenbei Erwähntes" –, sondern auch bei Ihrem eigenen Handeln in Alltagssituationen und der allgemeinen Aufmerksamkeit auf das Tun Ihres Kindes. Hast, Eile und Stress sind z. B. häufige Ursachen für Unfälle, die sich mit ein wenig mehr Ruhe und Über-

Hast und Eile sind häufige Gefahrenquellen. Bewahren Sie daher auch in stressbestimmten Situationen Ruhe und Überblick.

sicht leicht vermeiden lassen. Versuchen Sie also, auch in stressbestimmten Situationen (z. B. das Essen steht auf dem Herd, im Kinderzimmer ist ein großes Getöse und im gleichen Augenblick klingelt das Telefon) den Überblick zu bewahren und kümmern Sie sich zunächst um das Wichtigste. Schalten Sie also z. B. schnell die Kochplatte aus und sehen Sie dann im Kinderzimmer nach, was das Getöse verursacht hat. Das Telefon können Sie in dieser Situation ruhig klingeln lassen, ein Anrufer, der Sie dringend sprechen möchte, wird sich nach einiger Zeit garantiert noch einmal melden.

In den folgenden Kapiteln stehen die praktischen Aspekte der Kindersicherheit im Vordergrund. Sie werden erfahren, wie Sie Ihr Kind in der häuslichen Umgebung, auf dem Schulweg oder in der Freizeit effektiver vor Gefahren schützen und auf den Umgang mit Unfallrisiken vorbereiten können.

EXPERTEN-TIPP

Routine hilft

Bestimmte, immer wiederkehrende Strukturen und Routinehandlungen bieten Ihrem Kind im Alltag einen festen Rahmen und helfen beim Antrainieren eines sicherheitsbewussten Verhaltens und somit bei der Vermeidung von Unfällen. Achten Sie z. B. immer darauf, dass bestimmte Schutzvorkehrungen wie ein Fahrradhelm beim Radfahren oder der Sicherheitsgurt im Auto – auch für kürzere Strecken – automatisch genutzt werden, damit diese Maßnahmen Ihrem Kind in Fleisch und Blut übergehen. Dadurch wird später das Aufsetzen des Helms vor dem Losradeln oder das Anschnallen im Auto vor Fahrtbeginn zur Selbstverständlichkeit.

CHECKLISTE

Das Gefahrenbewusstsein – Wie sensibilisiere ich mein Kind für Gefahren?

Gefahrenaufklärung

❏ Mache ich mein Kind immer wieder auf Gefahren aufmerksam?

❏ Erkläre ich meinem Kind stets, warum eine bestimmte Situation ein Risiko bergen kann, auch wenn es die Erklärungen vielleicht noch nicht immer bis ins letzte Detail versteht?

❏ Habe ich klare und vor allem nachvollziehbare Regeln aufgestellt, die Gefahren entgegenwirken?

❏ Setze ich meinem Kind immer klare Grenzen?

Sicheres Verhalten erlernen

❏ Lasse ich mein Kind – nötigenfalls unter Aufsicht – seine eigene Erfahrungen sammeln?

❏ Sensibilisiere ich mein Kind spielerisch für Gefahren, indem ich es z. B. den Unterschied zwischen heiß und kalt vorsichtig ertasten lasse?

❏ Gebe ich meinem Kind im Alltag durch Routinehandlungen (z. B. Fahrradhelm aufsetzen, sich anschnallen) Sicherheit bei der Vermeidung von Gefahren?

❏ Bin ich selbst ein Vorbild für mein Kind, indem ich mich umsichtig und sicherheitsbewusst verhalte (z. B. Schutzvorkehrungen konsequent nutze)?

Tipps und Hinweise:
In einigen Fällen helfen nur Verbote weiter. Achten Sie hier aber darauf, dass die Verbote nicht willkürlich, sondern sinnvoll erscheinen und dazu beitragen, Gefahren zu vermeiden.

WISSENSWERTES ZUR SELBSTVERTEIDIGUNG

Auch von anderen Menschen kann für Kinder eine Gefährdung ausgehen. So spielen z. B. körperliche oder seelische Gewalt oder sexuelle Übergriffe bei der Kindersicherheit eine große Rolle. Um dem zu begegnen, sind Selbstverteidigungskurse, die speziell für Kinder konzipiert wurden, ein hilfreiches und erprobtes Mittel.

Mehr als nur „kämpfen"

Oft wird Selbstverteidigung noch immer mit Kampfsport gleichgesetzt. Bei Selbstverteidigungskursen für Kinder bilden Kampfsportarten jedoch nur ein Element im Kursangebot. Nicht das Kämpfen steht dabei im Mittelpunkt, sondern die Stärkung der Persönlichkeit und des Selbstbewusstseins. Sorgen, dass Ihr Kind durch einen Selbstverteidigungskurs zum Schläger wird, sind also normalerweise unbegründet. Ein gesundes Selbstbewusstsein ist das A und O, wenn es darum geht, sich selbst zu behaupten. Das hilft Kindern auch, sich unter Gleichaltrigen verbal besser durchzusetzen und nicht gleich zu Gewalt zu greifen, weil es sich vielleicht einmal im Konfliktfall „in die Ecke gedrängt" fühlt.

Untersuchungen haben zudem gezeigt, dass Kinder, die selbstbewusst auftreten, kaum belästigt oder gar gegen ihren Willen festgehalten werden.

Was wird gelernt?

Kinder erlernen in Selbstverteidigungskursen, deutlich und nachdrücklich „Nein" zu sagen und sich effektiv zur Wehr zu setzen, wenn diese Grenze vom Gegenüber nicht respektiert wird.
Dabei geht es auch darum, Gefahren erst einmal zu erkennen und gefährlichen Situationen nach Möglichkeit aus dem Weg zu gehen. Schließlich lernen die Kinder auch, erfolgreich um Hilfe zu bitten, z. B. gezielt einzelne Zeugen eines Übergriffs persönlich anzusprechen, um die Wahrscheinlichkeit zu erhöhen, sie zum Eingreifen zu bewegen.

Personengebundener Ansatz

Viele Selbstverteidigungskurse für Kinder folgen dem sogenannten personengebundenen Ansatz. Zunächst einmal heißt das, dass die Kurse voll und ganz auf die Bedürfnisse der teilnehmenden Kinder eingestellt sind. Dazu gehört es auch, den Zugang zu den Kursen so

Selbstverteidigungskurse helfen Kindern, sich im Notfall zu schützen und vermitteln ihnen ein gesundes Selbstbewusstsein.

einfach wie möglich zu gestalten. Oft finden sie in den Schulen, z. B. im Rahmen des Sportunterrichts, statt. Auch in Sportvereinen oder Jugendgruppen werden derartige Lehrgänge gern angeboten. Dabei ist es jedoch wichtig, jedem Kind die Teilnahme an den Kursen freizustellen. Selbstverteidigungskurse mit Pflichtcharakter leiden unter der Lustlosigkeit der Kinder und sind deshalb für alle Seiten meist äußerst unbefriedigend.

Ein wichtiger Grundpfeiler, auf dem das Konzept der Selbstverteidigungskurse für Kinder ruht, ist Vertrauen. Ein solches Vertrauen muss auf der einen Seite zwischen Kindern und Trainern bestehen, aber auch zwischen den teilnehmenden Kindern. Es muss eine Atmosphäre geschaffen werden, in der ohne Vorbehalt alles angesprochen werden kann und in der sich die Kinder ohne Scheu und Zurückhaltung ganz auf die Übungen einlassen können. Die Kurse müssen auch differenziert auf das Alter und die Bedürfnisse der teilnehmenden Kinder abgestimmt sein. So gibt es Kurse für kleinere (etwa sieben Jahre alte) Kinder und solche, die sich an Kinder oder Jugendliche im Alter von neun bis elf Jahren richten.

Es kann dabei durchaus auch sinnvoll sein, Jungen und Mädchen getrennt an Kursen teilnehmen zu lassen, da die Scheu, bei eventuellen Fragen oder bei den Übungen aus sich herauszugehen, unter Geschlechtsgenossen meist weniger groß ist.

Gefahren vermeiden

Kapitelübersicht Schutzmaßnahmen

Gefahrenquellen zu Hause	36	Gefahren bei Sport und Freizeit	53
Gefahren auf dem Spielplatz	43	Sicherheit im Straßenverkehr	59
Gefahrenquellen im Freien	47	Gesundheitsvorsorge	71

So schützen Sie Ihr Kind

Nachdem Sie sich im ersten Kapitel in erster Linie mit den theoretischen Grundlagen zum Thema „Kindersicherheit" auseinandersetzen konnten, sollen nun die praktischen Aspekte im Vordergrund stehen. Sie werden zunächst erfahren, wo Gefahren und Risiken auf Kinder lauern und erhalten anschließend anhand konkreter Beispiele Tipps, wie Sie diese Gefahren und Risiken ausschalten bzw. zumindest minimieren können.

Wer die Risiken im Haushalt kennt, kann gezielt Maßnahmen ergreifen, um diese Gefahren auszuschalten bzw. zu reduzieren.

Gefahrenquellen zu Hause

Es ist stark vom Alter und von der Entwicklung Ihres Kindes abhängig, an welchen Orten besondere Gefahren und Risiken für das Kind bestehen. Dabei verschiebt sich der Gefahrenschwerpunkt mit zunehmendem Alter von den eigenen vier Wänden hinaus in die „weite Welt". Die Zusammenhänge zwischen dem Alter eines Kindes und den hierbei häufig auftretenden Unfällen haben Sie bereits im ersten Kapitel kennengelernt. Daher soll es nun in erster Linie im Einzelnen um die konkreten Gefahrenquellen gehen.

Küche

Eine besondere Faszination übt die Küche auf die kleinsten Bewohner eines Hauses oder einer Wohnung aus. Schließlich passieren hier jede Menge spannende Dinge, es zischt und brodelt, dampft und duftet. So etwas weckt die Neugier eines jeden Kindes. Da die Küche allerdings auch zu den gefährlichsten Räumen eines Haushalts zählt, sollten Sie ihr besondere Aufmerksamkeit widmen.

Dominiert werden viele Küchen von den Küchenherden. Verbrennungen und Verbrühungen, die nicht nur äußerst schmerzhaft, sondern bisweilen auch lebensgefährlich sein können, bilden hier das größte Risiko für die Kleinen. Sie können dem aber recht einfach vorbeugen, indem Sie einige Tipps beherzigen.

So können Sie die Herdplatten durch ein Gitter sichern, das sich vorne an den Herd montieren lässt. Dieses Gitter ist klappbar und verhindert, dass das Kind auf die heißen Herdplatten fassen oder Töpfe und Pfannen herunterreißen kann. Nach dem Kochen lässt sich das Gitter herunterklappen. Das schützt die Bedienele-

Die Küche ist als Betätigungsbereich der Erwachsenen auch für kleinere Kinder besonders interessant. Vor der Gefahr einer Verbrennung am heimischen Herd schützen spezielle Herdschutzgitter.

Stiele von Pfannen und Töpfen sollten nicht über den Rand des Herdes hinausragen, damit kleine Kinder nicht an sie herankommen.

mente vor neugierigen Händen und sorgt so dafür, dass weder Herd noch Backofen aus Versehen eingeschaltet werden.

Wenn Sie auf ein Schutzgitter verzichten, sollten Sie möglichst nur die hinteren Herdplatten benutzen, so ist zumindest sichergestellt, dass die Kleinsten die Platten nicht ohne Weiteres erreichen können. Achten Sie außerdem darauf, dass Pfannen- oder Topfstiele nicht über den Rand des Herdes hinausragen.

Auf jeden Fall sollten Sie zudem auch dafür Sorge tragen, dass Ihr Kind nicht in Berührung mit scharfen Messern oder Küchenmaschinen kommt. Hier ist die Aufbewahrung außerhalb der Reichweite Ihrer kleinen Mitbewohner der sicherste Weg.

Schließlich sollten Sie außerdem dafür sorgen, dass Schubladen und Schranktüren nicht ohne Weiteres zu öffnen sind. So verhindern Sie nicht nur, dass die aufgeweckten Kleinen den Inhalt sämtlicher Küchenschränke beim Spielen gleichmäßig in der Wohnung verteilen, auch Verletzungen durch ein Einklemmen der Finger und Vergiftungen durch Putzmittel, die Kinder hier entdecken können, werden durch diese Vorsichtsmaßnahme vorgebeugt. Hierfür sind im Handel zahlreiche Systeme erhältlich: Angefangen bei Magnetschlössern, die das Öffnen erschweren sollen, über spezielle Riegel, die Sie von innen in die Schränke montieren, bis hin zu speziellen Vorhängeschlössern, mit denen Sie vor allem Schranktüren mit Bügelgriffen sichern können, reicht das Angebot. Eine Kaufempfehlung für ein bestimmtes System lässt sich nicht aussprechen; welches der verschiedenen Systeme Sie für Ihre Küche verwenden, liegt nicht zuletzt daran, welche Verriegelungen Sie selbst für am praktischsten halten, denn auch für Erwachsene ist es nicht immer ganz einfach, die Sicherungen zu umge-

Ein häufiges Unfallrisiko für Kinder ist die Vergiftung mit ungesicherten Putzmitteln.

hen. Daher empfiehlt es sich, sich die verschiedenen Systeme vor dem Kauf in einem Fachgeschäft anzusehen und auszuprobieren.

Badezimmer

Auch im Badezimmer lauern diverse Unfallrisiken und Gefahren für Kinder. An erster Stelle ist hier die Kombination von Wasser und Strom zu nennen. Nicht selten befinden sich in Badezimmern Steckdosen in unmittelbarer Nähe von Badewannen, Duschkabinen oder Waschbecken. Versehen Sie diese Steckdosen unbedingt mit einer Kindersicherung. Sie sollten auch überlegen, ob Sie die Steckdosen in Ihrem Badezimmer durch spezielle Geräte, die mit einem Fehlerstromschutzschalter (so etwas wie die FI-Sicherung in einem Sicherungskasten) ausgestattet sind, ersetzen. Insgesamt müssen die elektrischen Anlagen in einem Badezimmer der DIN VDE 0100-701 entsprechen. Aber auch die besten Installationen nützen wenig, wenn Sie nicht ein wachsames Auge auf Ihr Kind haben, während es sich im Badezimmer befindet. Sie sollten auch darauf achten, dass sich keine scharfen Gegenstände wie Rasierapparate oder Rasierklingen in Reichweite von Kinderhänden und -armen befinden. Das Gleiche gilt für Kosmetika, Shampoos und Reinigungsmittel. Medikamente gehören in einen Medizinschrank, der sich außerhalb der Reichweite des Kindes befindet und gut verschließbar sein sollte. Neben Stromschlägen und toxischen Substanzen kann auch Wasser den Kleinen gefährlich werden. In Kombination mit einem glatten Untergrund verwandelt es den Badezimmerboden nicht selten in eine glatte Rutschbahn. Mitunter schwere Stürze und böse Verletzungen können die Folge sein. Achten Sie also darauf, dass sich in Ihrem Badezimmer rutschfeste Bademat-

Steckdosen im Badezimmer sollten unbedingt mit einer Kindersicherung versehen sein. Auch Geräte mit einem Fehlerstromschutzschalter sind hier empfehlenswert.

Sorgen Sie dafür, dass Ihr Kind keine Möglichkeit hat, auf die Balkonbrüstung zu gelangen, indem Sie es nicht unbeaufsichtigt spielen lassen.

ten oder Teppiche befinden. Die Rutschhemmung derartiger Bodenbeläge wird nach DIN 51097 geprüft.

Weitere Wohnräume

Vieles des bisher Gesagten gilt auch für die anderen Wohnräume. Dass im Wohn- oder Esszimmer keine Kabel quer durch den Raum auf dem Fußboden verlegt werden sollten, versteht sich von selbst. Achten Sie auch hier darauf, dass Schränke und Kommoden so aufgestellt sind, dass sie möglichst nicht umkippen können. All diese Möbel sollten der DIN EN 14749 entsprechen.

Auch sicher stehende Möbel weisen häufig noch ein gewisses Gefahrenpotenzial auf. Hier sollte Ihr besonderes Augenmerk den Ecken und Kanten gelten – vor allem, wenn Ihr Kind gerade laufen lernt. Wenn die meiste Konzentration der Kleinen darauf gerichtet ist, das Gleichgewicht zu halten und ein Bein vor das andere zu stellen, bleibt nicht viel Aufmerksamkeit für die Hindernisse in der Umgebung übrig. Die Folgen von Zusammenstößen Ihres Nachwuchses mit dem Mobiliar können Sie so gering wie möglich halten, wenn Sie Ecken und Kanten mit speziellen Schutzkappen und -schienen versehen.

Abschließbare Fenstergriffe verhindern, dass Kinder die Fenster öffnen und aus dem Fenster stürzen.

Sorgen Sie schließlich dafür, dass Ihr Kind nicht ohne Weiteres auf den Balkon oder an offene Fenster gelangen kann. Am besten lassen Sie es nicht allein in Räumen, in denen das Fenster geöffnet ist. Stellen Sie aber auf jeden Fall sicher, dass sich keine Stühle oder niedrige Tische in der Nähe des offenen Fensters befinden, auf die die Kleinen klettern können. Abschließbare Fenstergriffe verhindern, dass Kinder selbstständig die Fenster öffnen und eventuell hinausstürzen und bieten darüber hinaus nebenbei auch einen guten Einbruchschutz.

Kinderzimmer

Ein besonders wichtiger Raum in jedem Haushalt
mit Kindern ist das Kinderzimmer. Hier wird gespielt,
getobt, auf Entdeckungsreise gegangen und so man-
ches Abenteuer erlebt. Bei einer so vielfältigen Bean-
spruchung muss das Mobiliar in diesem Zimmer ganz
besonders sorgfältig ausgewählt und gut verarbeitet
sein, damit es der Belastung durch darauf Herumturnen oder unvorsichtige Schläge und Stöße durch wildes
Spielen auch standhält. Da das Kinderzimmer eines
der größten Zentren im Leben Ihres Nachwuchses
darstellt, steht dieser Ort im Mittelpunkt des dritten
Kapitels (ab Seite 80).

Allgemeine Gefährdungen

Unter den Gefährdungen, die in jedem Raum eine Rolle spielen sind in erster Linie ungeschützte Steckdosen
zu nennen. Steckdosen üben auf Kinder eine nahezu
dämonische Faszination aus. Es gibt kaum ein Kind,
das nicht früher oder später versuchen wird, seine
Finger in die beiden Löcher (die sogenannten Schutzkontakte) der Steckdose zu stecken. Wenn die Steckdose dann nicht fachmännisch geschützt ist, kann dies
zu bösen Unfällen führen.

Hier lassen sich jedoch leicht Kindersicherungen für
Steckdosen beschaffen. Diese bekommen Sie in allen
Baumärkten und vielen Elektrogeschäften. Ebenso
leicht wie sie zu beschaffen sind, sind sie auch zu
montieren. Für gewöhnlich müssen Sie die Schutzkappen aus Kunststoff lediglich in die Steckdose drücken.
Im Handel sind aber auch kindersichere Steckdosen
erhältlich, bei denen ein entsprechender Schutzme-
chanismus direkt eingebaut ist. Hier öffnen sich die
Schutzkontakte nur mithilfe des Steckers, die neugierigen Kinderfinger bringen dies nicht zustande.

**Die Kindersicherung
sorgt dafür, dass die
gefährlichen Öffnun-
gen der Steckdose
verdeckt und für
Kinder nicht mehr
erreichbar sind.**

Wenn Kinder an herunterhängenden Kabeln ziehen, kann es z. B. bei Wasserkochern zu schweren Verbrennungen kommen.

Ein weiteres Problem sind immer wieder herunterhängende Kabel. Auch sie üben auf Kinder eine magische Anziehungskraft aus und früher oder später werden die Kleinen ausprobieren, was passiert, wenn man einmal kräftig an dem Kabel zieht. Ganz unabhängig davon, ob sich nun ein heißer Wasserkocher, ein Waffeleisen oder ein anderes elektrisches Gerät am anderen Ende des Kabels befindet, ist die Wahrscheinlichkeit einer schweren Verletzung, wenn der Gegenstand herunterfällt, sehr hoch. Achten Sie also darauf, eine derartige Versuchung gar nicht erst aufkommen zu lassen. Kabel lassen sich häufig hinter Schränke oder Regale verlegen und somit verbergen. Auf dem Fußboden sollten Sie Kabel nur verlegen, wenn es sich nicht vermeiden lässt. Achten Sie in diesem Fall darauf, dass Ihr Kind nicht über sie stolpern kann.

Putzmittel und Kosmetika

Vor den Gefahren, die für Kinder von Arznei- und Putzmitteln ausgehen, kann man nicht genug warnen. Sie alle enthalten bisweilen hochgiftige Substanzen, die Ihr Kind in Lebensgefahr bringen können. Tatsächlich belegen regelmäßige Berichte der Vergiftungszentralen, dass Medikamente und chemische Substanzen, wie sie z. B. in Putzmitteln verwendet werden, die häufigsten Quellen für Vergiftungen im Haushalt bilden. Genauso wie Arzneimittel in einem gut verschlossenen Medizinschrank außerhalb der Reichweite von Kindern aufbewahrt werden sollten (siehe Seite 39) sollten auch Putzmittel vor kindlichem Zugriff möglichst gut geschützt sein. Sie dürfen nie so aufbewahrt werden, dass Ihr Kind sie problemlos erreichen kann. Platzieren Sie sie daher auf Regalen oder in verschließbaren Schränken. Auch Waschmittel und Kosmetika gehören nicht in Kinderhände.

Verzichten Sie in Ihrem Haushalt auch auf Desinfektionsmittel. Eine Studie des Bundesinstituts für Verbraucherschutz hat gezeigt, dass Reinigungsmittel mit desinfizierender Wirkung in Privathaushalten eigentlich überflüssig sind. Die geringe Einwirkzeit und Konzentration der antibakteriellen Substanzen reiche, so heißt es, für eine effektive Desinfektion nicht aus.

Gefahren auf dem Spielplatz

Spielplätze sind nicht selten neben dem eigenen Zimmer der liebste Aufenthaltsort vieler Kinder, denn wo kann man so unbeschwert toben, turnen und – vor allem – lärmen? Aber nicht immer bleibt das Vergnügen ungetrübt und es passieren auch hier oftmals Unfälle. Eigentlich sollten moderne Spielplätze so geplant und aufgebaut sein, dass diese Unfälle so glimpflich wie möglich ablaufen. Die Anforderungen an die Sicherheit von Spielplatzgeräten sind in den Normen DIN EN

Die Sicherheitsanforderungen an Spielplatzgeräte sind in den Normen DIN EN 1176 und DIN EN 1177 festgelegt.

◢ EXPERTEN-TIPP

Augen auf beim Putzmittelkauf

Achten Sie im Interesse Ihres Kindes beim Kauf von Putzmittel auf das Vorhandensein von Gütesiegeln. So weist der „Blaue Engel" auf Produkte hin, die nur möglichst geringfügig mit schädlichen Stoffen belastet sind. Aber Achtung: Auch solche Putzmittel sollten Sie nicht in Reichweite von Kinderhänden aufbewahren. Einige Hersteller sind bereits dazu übergegangen, ihren Putzmitteln Bitterstoffe beizumischen. Er bewirkt, dass die Kleinen das Putzmittel sofort wieder ausspucken, wenn sie es einmal in den Mund nehmen. Aber auch ein solcher Zusatz kann und darf die elterliche Fürsorge nicht ersetzen.

1176 und DIN EN 1177 festgelegt. Im Folgenden lernen Sie einige dieser Sicherheitsanforderungen kennen.

Fallschutz und Anordnung der Spielplatzgeräte

Wo geklettert und geschaukelt wird, kommt es auch immer wieder zu Stürzen. Daher muss jeder Spielplatz über einen intakten und vollständigen Fallschutz verfügen. Im Bereich von Schaukeln, Rutschen, Podesten und Klettergeräten kann z. B. lockeres Schüttmaterial wie Rindenmulch oder Sand zum Einsatz kommen, um ein eventuell vom Gerät herunterfallendes Kind sicher aufzufangen. Auch spezielle Fallschutzplatten können hier gute Dienste leisten. Wenn Sie das erste Mal mit Ihrem Kind einen Spielplatz besuchen, sollten Sie sich auf jeden Fall davon überzeugen, dass der Fallschutz an den genannten Geräten intakt und gut gepflegt ist. Auch der Anordnung der Spielplatzgeräte sollten Sie Ihr besonderes Augenmerk schenken. Die Spielgeräte sollten so gestaltet sein, dass Kinder sie erreichen können, ohne z. B. den Schwingbereich von Schaukeln, den Fahrbereich von Seilbahnen usw. durchqueren zu müssen.

> Jeder Spielplatz muss über einen ausreichenden und intakten Fallschutz verfügen.

Sicherheit der Spielplatzgeräte

Auch ohne die DIN-Normen bis ins Detail zu kennen, gibt es einige Anhaltspunkte, anhand derer Sie beurteilen können, ob die Spielgeräte auf einem Spielplatz sicher sind oder nicht: Sehen Sie sich die Spielgeräte genau an. Wenn Sie oberflächliche Schäden wie Absplitterungen, Rostbildungen oder Risse im Kunststoff der Oberflächen bemerken, ist Vorsicht angeraten. Ebenso sollten Sie keine überstehenden Nägel oder herausragenden Schrauben sowie scharfe Kanten und spitze Ecken entdecken dürfen. Auch die Fundamente der Spielplatzgeräte sollten nicht freiliegen. Überall

An Ketten und Auf-
hängevorrichtungen
für Schaukeln sollten
auf keinen Fall Ver-
schleißerscheinungen
zu erkennen sein.

dort, wo die geschilderten Mängel auftreten, ist zu befürchten, dass der Spielplatz nicht vorschriftsgemäß
gewartet wird, denn bei einer regelmäßigen Wartung
müssten diese Mängel auf jeden Fall festgestellt und
behoben werden.

Sehen Sie sich auch die Schraubenverbindungen an
Spielplatzgeräten an. Wenn Sie hier gelöste Schrauben
oder wackelige Einzelteile entdecken, sollten Sie Ihr
Kind – ebenso wie bei den anderen genannten Män-
geln – auf keinen Fall auf das Spielplatzgerät lassen.
Seile, an denen Schaukeln, Hängebrücken oder Seilbahnen befestigt sind, müssen ebenfalls in einem einwandfreien Zustand sein. Hier findet man immer wieder Spuren von Vandalismus wie z. B. Schnitte in den
Seilen oder verkohlte Stellen.

Weitere Vandalismusschäden, die auf den ersten Blick
bemerkbar sind, sind beispielsweise zerbrochene und
zerschlagene Geräteteile wie z. B. Leitersprossen. Solche Schäden können auf jedem Spielplatz auftreten,
egal wie häufig und gut er gewartet wird. Sollten Ihnen
derartige Schäden an einem öffentlichen Spielplatz
auffallen, sollten Sie den Träger des Spielplatzes
davon unterrichten, damit er die nötigen Maßnahmen

Sind beschädigte
Spielplatzgeräte
vorhanden, sollten
Sie den Träger
des Spielplatzes
informieren.

Prüfen Sie, ob sich Kinder beim Klettern an hervorstehenden Schrauben verletzen könnten.

Zu einer sicheren Spielplatzumgebung trägt auch das eigene Verhalten bei. So sollten Spielplätze bei nasser und frostiger Witterung generell gemieden werden.

ergreifen kann, um die Spielplatzgeräte wieder in einen ordnungsgemäßen Zustand zu versetzen.

Eigenes Verhalten

Nicht nur schadhafte Spielplatzgeräte stellen auf einem Spielplatz ein Risiko für Ihr Kind dar; es kommt auch auf das eigene Verhalten des Kindes, auf Ihr Vorbild und die passende Kleidung an. So sollten Sie z. B. darauf achten, dass die Kleidung Ihres Kindes weder zu weit noch mit Kordeln oder Bändern versehen ist. Auch der Fahrradhelm gehört beim Spielen nicht auf den Kopf. All diese Dinge und Kleidungsstücke bergen die Gefahr des Hängenbleibens und im schlimmsten Fall des Stranguliertwerdens.

Sorgen Sie zudem dafür, Fahrrad, Roller oder Dreirad an den dafür vorgesehenen Plätzen und nicht mitten auf dem Spielplatz abzustellen bzw. halten Sie Ihr Kind dazu an. Diese Fahrzeuge bergen für tobende Kinder ein viel zu großes Verletzungsrisiko.

Hunde gehören auf dem Spielplatz an die Leine und sollten ständig beobachtet werden. Bedenken Sie dabei auch, dass kleine Kinder noch nicht so viel Erfahrung mit Haustieren haben und die Reaktionen von Hunden bisweilen vollkommen falsch einschätzen. Ein Kind, dass die Angst oder Aggressivität eines Hundes nicht richtig deuten kann, könnte z. B. schnell auf den Hund zurennen und ihn erschrecken oder versuchen, einen ängstlichen oder aggressiven Hund zu streicheln und hierbei gebissen werden.

Das Gefahrenpotenzial auf einem Spielplatz ändert sich auch mit den Wetterverhältnissen. Bei Feuchtigkeit oder gar bei Schnee werden Spielplatzgeräte und der Boden schnell rutschig. Bei Frost kann es auch vorkommen, dass das Fallschutzmaterial spröde und hart wird. Das Abrutschen und Stürze von den Spielplatzgeräten können bei einer solchen Witterung schwerwiegende Folgen haben. Daher sollten Sie und Ihr Kind Spielplätze bei bzw. nach Regen, Schneefall und Frost am besten meiden.

Gefahrenquellen im Freien

Kinder sind kleine Entdecker, die sich mit zunehmendem Alter in jedes verlockende Abenteuer stürzen. Besonders spannend ist neben dem häuslichen Territorium oder dem Spielplatz der gesamte Bereich im Freien. Dieses Kapitel widmet sich den Gefahrenquellen, die dort lauern können sowie den relevanten Schutzmaßnahmen.

Hof und Garten

Für Gartenbesitzer kann das kleine Stück eigene Natur vor allem in der Stadt so etwas wie ein Refugium für die ganze Familie werden. Auch Kinder wissen die eigene Parzelle sehr zu schätzen, bieten sich hier doch nahezu unzählige Möglichkeiten zum Spielen und Toben. Eltern können dazu beitragen, das Spielvergnügen ihrer Kinder im eigenen Garten so unbeschwert wie möglich zu gestalten.

Besonders Bäume, die erklettert werden wollen, üben eine besondere Faszination auf Kinder aus, bergen jedoch auch eine beträchtliche Sturzgefahr.

Zunächst muss hierbei erwähnt werden, dass es für die Entwicklung von Kindern sehr wichtig ist, dass sie klettern, toben und ausgelassen spielen dürfen. Es soll hier daher also auf keinen Fall darum gehen, den Bewegungsdrang der Kinder zu unterdrücken. Sie sollten lediglich dafür sorgen, dass keine unnötigen Risiken entstehen.

Im Garten müssen Teiche, Regentonnen und Regenwasserbecken vor dem Zugang durch Kinder gesichert werden.

Kletterbäume

Jedes Gewächs, das sich mehr als 1 m in die Höhe erstreckt, übt auf Kinder eine magische Anziehungskraft aus und will erklettert werden. Auch die vorsichtigsten und besorgtesten Eltern können derartige Kletterabenteuer nicht immer unterbinden und das sollten sie auch nicht.

Die Entdeckung eigener Fähigkeiten und Grenzen gehört genauso zur Entwicklung eines Kindes wie sein Bewegungsdrang. Die Gefahr böser Stürze lässt sich dabei jedoch einschränken.

Wenn in Ihrem Garten alte Obstbäume stehen, ist Vorsicht geboten, denn sie sind häufig sehr bruchgefährdet. Das gilt insbesondere für alte Kirschbäume. In diesem Fall ist es ratsam, die unteren Äste der Bäume zu entfernen, sodass sie nicht mehr ohne Weiteres erklettert werden können. Kräftige Laubbäume eignen sich hingegen bestens für die eine oder andere Kletterpartie. Hier können Sie den Aufstieg gegebenenfalls durch eine Strickleiter erleichtern, denn derartige Kletterhilfen minimieren das Unfallrisiko.

EXPERTEN-TIPP

Auf Nachbarskinder achten

Besitzer von Gartenteichen sind gesetzlich verpflichtet, für deren Sicherheit zu sorgen. Das gilt insbesondere auch, wenn Kinder in der Nachbarschaft wohnen und theoretisch Zugang zum Grundstück haben können. Auch in diesem Fall sollten Sie Ihren Gartenteich unbedingt kindersicher gestalten. Der Jurist spricht in diesem Zusammenhang von einer sogenannten Verkehrssicherungspflicht. Diese Pflicht kann von einem Vermieter auch an Dritte (z. B. den Mieter) übertragen werden.

Spielen kleine Kinder
an Gartenteichen,
fällt den Erwachse-
nen eine besondere
Aufsichtspflicht zu.

Gartenteiche und Regentonnen

Für viele Gartenbesitzer ist es ein großer Traum, einen
eigenen Teich zu besitzen. Wenn in Ihrem Haushalt
jedoch Kinder wohnen, sollten Sie die Realisierung
dieses Traums noch ein wenig verschieben. Ein Garten
ohne Teich ist auf jeden Fall die sicherste Alternative.
Ist jedoch vor Ihrem Einzug bzw. vor der Geburt eines
Kindes bereits ein Gartenteich vorhanden, gilt es, einige Sicherheitsmaßnahmen zu beachten.
Sichern Sie den Teich auf jeden Fall durch einen
ausreichend hohen Zaun, damit insbesondere kleine
Kinder nicht ohne Weiteres in unmittelbare Nähe
des Teiches gelangen können. Eine solche Sicherung
bedeutet aber nicht, dass die Eltern von ihrer Aufsichtspflicht entbunden sind. Immer dann, wenn sich
ein Teich in einem Garten befindet, ist höchste Aufmerksamkeit gefordert. Zäune können defekt sein
oder überklettert werden und Kinder ertrinken auch
in Teichen, die nur wenige Zentimeter tief sind.
Auf jeden Fall sollten Sie Ihr Kind immer wieder auf
die Gefahren aufmerksam machen und ihm das ent-
sprechende sicherheitsbewusste Verhalten nahebringen. Außerdem ist es sinnvoll, Ihr Kind möglichst früh
an das Medium Wasser zu gewöhnen und es möglichst

Ein frühzeitiges
Schwimmenlernen
schützt Kinder
vor Unfällen durch
Ertrinken.

Gartengeräte und Werkzeuge sollten Sie nie unbedacht im Garten liegen lassen. Kinder können sich hier verletzen, wenn sie durch den Garten toben.

frühzeitig in den Schwimmunterricht zu schicken. Als besonders tückisch können sich auch Regentonnen erweisen. Oft versuchen Kinder, von außen an den Tonnen hochzuklettern. Wenn sie dabei das Gleichgewicht verlieren, kann es passieren, dass sie kopfüber in die Tonne stürzen und sich nicht wieder befreien können. Daher sollten Sie in Ihrem Garten nur Regentonnen verwenden, die über einen Deckel verfügen, der sich von Kindern nicht ohne Weiteres öffnen lässt. Derartige Tonnen werden im Handel in vielfältiger Form angeboten und sollten der DIN 1989 entsprechen.

Gartenschuppen und Gartengeräte

Auch der Gartenschuppen wird von Kindern oft gern erkundet. Hierbei sollten Sie darauf achten, dass ein unverschlossener Schuppen keine gefährlichen Gegenstände oder Substanzen enthält. Düngemittel, Holzschutzfarben oder gar Gifte – die in einem Garten ohnehin nichts verloren haben sollten – müssen stets so aufbewahrt werden, dass Kinder sie auf keinen Fall erreichen können. Dies gilt auch für den Fall, dass Sie häufig mit Gartengeräten hantieren, an denen man sich leicht verletzen kann. Scharfe Werkzeuge wie Sensen, Gartenscheren, Messer oder Häckselmaschinen sollten für Kinder nicht erreichbar sein. Weniger gefährliche Gartengeräte wie Schaufeln, Harken und Rechen müssen hingegen nicht unbedingt außer Reichweite aufbewahrt oder weggesperrt werden, wenn die Kinder an deren sinnvollen Gebrauch gewöhnt sind. Leiten Sie Ihr Kind in ihrem Gebrauch gut an und machen Sie es auf mögliche Gefahren und Unfallrisiken aufmerksam. Machen Sie ihm klar, dass Werkzeuge, wenn man sie unachtsam bedient, eine Gefahr darstellen können. Auch Leitern sollten nicht unbeaufsichtigt im Garten stehen. Sie fordern Kinder förmlich zu riskanten „Erstbesteigungen" auf. Auch hier gilt jedoch: Lassen Sie ruhig zu, dass sich Ihr Kind unter Ihrer Aufsicht mit der Leiter beschäftigt, damit es den Umgang mit ihr erlernen kann.

Giftpflanzen

Kinder wollen unbekannte Dinge nicht nur ansehen und fühlen, sondern auch schmecken. Daraus erwächst besonders im Zusammenhang mit Pflanzen eine beträchtliche Vergiftungsgefahr. Nach Haushaltschemikalien und Arzneimitteln steht die Vergiftung durch Giftpflanzen an dritter Stelle der jährlichen Statistik der Vergiftungszentralen. Grund genug, sich Gedanken über die Bepflanzung Ihres Gartens, aber auch Ihres Balkons und den Kauf von Zimmerpflanzen, zu machen.

Giftpflanzen sind auf vielerlei Art und Weise gefährlich. Mit schönen, bunten Früchten scheinen einige giftige Pflanzen Kinder geradezu zu ihrem Verzehr einzuladen. Einige Pflanzen sind so giftig, dass bereits kleinste Mengen zu schweren Vergiftungen führen können.

Beim Kauf von Garten-, Zimmer- und Balkonpflanzen sollten Eltern auf die Auswahl ungefährlicher Arten achten.

EXPERTEN-TIPP

Lassen Sie sich helfen

Die beste Möglichkeit, Kindern den Gebrauch von Gartengeräten nahezubringen, ist es, sie in altersentsprechendem Umfang bei der Gartenarbeit helfen zu lassen. Ein Rasenmäher gehört sicherlich nicht in die Hände eines Fünfjährigen, wohingegen er Ihnen sicherlich bestens beim Pflanzen zur Hand gehen kann. Auf diese Weise wird die Motorik der Kinder geschult, sie lernen, Verantwortung für bestimmte Aufgabenbereiche zu übernehmen und werden – ganz nebenbei – auch noch Spaß an der Gartenarbeit bekommen.

Im Hausgarten sowie auf Spielplätzen sind das vor allem die beliebten Ziersträucher Goldregen, Pfaffenhütchen, Stechpalme und Seidelbast. Auf diese Gewächse sollten Sie in Ihrem Garten verzichten, wenn Sie Kinder haben oder häufig Besuch von Kindern bekommen.

Der Vogelbeerstrauch, wie die Eberesche auch genannt wird, die Zwergmispel sowie Lorbeer- und Heckenkirsche gehören jedoch – entgegen einer häufig geäußerten Meinung – nicht unbedingt dazu. Ihre Beeren sind nur in sehr geringem Maße giftig: Erst nach dem Genuss größerer Mengen kommt es zu Erbrechen und Durchfall, weitere gesundheitliche Folgen sind nicht zu befürchten. Auch im Gemüsegarten verbergen sich giftige oder ungesunde Gewächse. So sind rohe Bohnen, Kartoffeln und grüne Tomaten nicht giftfrei. Bei einigen Pflanzen kann schon die bloße Berührung zu Schäden führen . Hierzu zählt insbesondere die Herkulesstaude, auch unter den Namen Riesenbärenklau oder Herkuleskraut bekannt. Der Kontakt mit dem Pflanzensaft führt zu einer Photosensibilisierung der Haut. Dies kann zu ähnlichen Symptomen wie nach einer schweren Verbrennung führen. Unter ungünstigen Umständen können die Folgen des Hautkontakts sogar tödlich verlaufen. Zu ähnlichen Symptomen, jedoch in deutlich geringerem Maße, kann es bei der Berührung des Pflanzensafts von anderen Doldenblütlern wie z. B. der Pastinake kommen. Vorsicht ist also auch hier geboten.

Beraten Sie sich bei der Planung Ihres Gartens am besten mit einem Fachmann und Sie werden eine ganze Reihe schoner Pflanzen finden, die keine Gefahr für Ihr Kind darstellen. Eine Übersicht über Giftpflanzen finden Sie im Internet unter www.botanikus.de/Gift/ordnung.html.

Besonders giftig sind z. B. beliebte Ziersträucher wie Goldregen, Pfaffenhütchen, Stechpalme und Seidelbast.

Gefahren bei Sport und Freizeit

Bereits im ersten Kapitel wurde darauf hingewiesen, dass sich der Aktionsradius eines Kindes ungefähr im Vorschulalter erweitert und damit zunehmend Sport und Freizeit als unfallträchtige Bereiche an Bedeutung gewinnen. Vor allem der Sport birgt jedoch nicht nur Risiken: Im Gegenteil bieten Sport und Bewegung Kindern wichtige Voraussetzungen, um Unfälle vermeiden zu können. Auch um diesen Themenbereich soll es im Folgenden gehen.

Sport und Bewegung sind für die körperliche und geistige Entwicklung Ihres Kindes von großer Bedeutung. Dennoch lauern auch hier Gefahren.

Häufige Sportunfälle

Statistiken besagen, dass jährlich knapp 200.000 Freizeitunfälle im Bereich des Sports passieren. Fast die Hälfte der Sportverletzungen ziehen sich Kinder und Jugendliche bei Mannschaftssportarten zu. Dies lässt allerdings nicht den Schluss zu, dass diese Sportarten besonders gefährlich sind, sondern zeugt eher von ihrer großen Beliebtheit. In der Rangliste folgen Wintersport, Inlineskaten, Reiten, Kickboardfahren und schließlich Radfahren. Bei den Verletzungen führen Knochenbrüche (mit ca. 34 %) die Rangliste an. Prellungen, Verrenkungen und Zerrungen folgen und

Im Sportbereich, z. B. beim Skateboarden, sind vor allem Stürze gefährlich. Tragen Kinder hierbei eine geeignete Schutzausrüstung halten sich die Verletzungsfolgen jedoch in Grenzen.

Fleisch- und Schürfwunden bilden das Schlusslicht der Verletzungsstatistik.

Ist Sport also Mord?

„Sport ist Mord" – dies ist eine ebenso weitverbreitete wie grundlegend falsche Aussage. Auch für Ihr Kind bedeutet Sport keinesfalls eine besondere Gefährdung, sondern vielmehr einen großen Spaß, denn Bewegung ist ein Grundbedürfnis von Kindern. Mithilfe von Bewegung gelingt es Kindern, ihre Umwelt zu erfahren und zu begreifen. Ihre motorische Entwicklung ist eng mit anderen Entwicklungsbereichen verbunden. Bewegung ist also in allen Entwicklungsbereichen von höchster Bedeutung: Die Wahrnehmungsfähigkeit wird geschult, die Ausbildung von Gefühlen, die soziale – hier ist besonders der Mannschaftssport zu nennen – und auch die kognitive Entwicklung werden durch eine sportliche Betätigung gefördert.

Kinder, deren motorische Fähigkeiten gut entwickelt sind, haben weniger Schwierigkeiten, sich in der Schule zu konzentrieren und sich Wissen anzueignen. Die erhöhte Konzentrationsfähigkeit führt auch dazu, dass sportliche Kinder im Alltag deutlich seltener verunglücken. Außerdem fällt es ihnen leichter, brenzlige Situationen zu meistern, wenn sie über die nötige Körperbeherrschung verfügen. Ein Kind, das sich im Alltag viel bewegt und dessen Motorik gut trainiert ist, wird sich z. B. bei einem minderschweren Sturz ohne Fremdeinwirkung, z. B. mit dem Fahrrad, deutlich seltener verletzen als ein Kind, dessen motorische Fähigkeiten nicht sonderlich gut ausgebildet sind. Aber Sport in der Kindheit hat auch noch einen anderen Vorteil: Spätere Verhaltensmuster werden in der Kindheit angelegt und im Jugendalter gefestigt. So verwundert es nicht, dass Kinder, die sich regelmäßig

Regelmäßige Bewegung schult nicht nur die Motorik, sondern auch die Wahrnehmung und trägt damit dazu bei, Unfallgefahren zu minimieren.

und mit Spaß an der Sache sportlich betätigen, den Grundstein für eine lebenslang anhaltende Freude an der Bewegung legen. Das heißt auch, dass sportliche Kinder später oft zu gesunden und belastbaren Erwachsenen werden.

Helme schützen vor Kopfverletzungen

Wer Sport treibt, kann Sportverletzungen nie ganz ausschließen, da bilden auch Kinder keine Ausnahme. Je nachdem, welche Sportarten Ihr Kind betreibt, lassen sich die Risiken jedoch durch die richtige Ausrüstung minimieren.

Weit oben in der Beliebtheitsskala stehen bei Kindern und Jugendlichen Inlineskaten und Skateboardfahren. Hier sollte neben dem Tragen entsprechender Schützer (für Knie, Ellenbogen und Hände – nach der Norm DIN EN 14120) auch das Aufsetzen eines Helms selbstverständlich sein, da hierbei Stürze oft kaum zu vermeiden sind. Richtig geschützt, verlaufen diese indes meist glimpflich.

Auch beim Fahrrad- oder Rollerfahren besteht absolute Helmpflicht – und das nicht nur, weil es gesetzlich vorgeschrieben ist. Ein Sturz auf den Kopf kann schon bei relativ geringer Geschwindigkeit zu schweren Schäden führen. Handelsübliche Fahrradhelme bieten hier einen sinnvollen Schutz. Beim Kauf eines Fahrradhelms sollten Sie unbedingt folgende Punkte beachten:

- Der Helm sollte der DIN EN 1078 entsprechen und die CE-Kennzeichnung tragen.
- Der Helm muss passen, er darf nicht wackeln, aber auch nicht drücken. Bevor Sie also einen Helm kaufen, sollte das Kind ihn auf jeden Fall anprobieren.
- Der Helm muss Stirn, Hinterkopf und Schläfen bedecken.

Bei Sportarten wie Inlineskaten schützt ein Helm vor schweren Kopfverletzungen bei Stürzen. Nicht nur das Vorhandensein, sondern auch das Aufsetzen des Helms sollte dabei selbstverständlich sein.

Normgemäße und als solche gekennzeichnete Schwimmhilfen schützen Kinder beim Schwimmen vor dem Ertrinken.

- Er sollte über Lüftungsschlitze verfügen.
- Der Kinnriemen muss fest, darf dabei aber nicht unbequem sitzen.

Kaufen Sie einen Fahrradhelm am besten bei einem Fachhändler. Dort können Sie eine kompetente Beratung erwarten und sicher sein, den richtigen Helm für Ihr Kind zu erhalten.

Tipps zur Bewegungserziehung

Zusätzlich zur Anschaffung der richtigen Bekleidung und Ausrüstung sowie zur Sicherheitserziehung Ihres Kindes sollten auch Sie selbst einige allgemeine Tipps zur Bewegungserziehung des Kindes beachten:

- Ermöglichen Sie Ihrem Kind vielfältige Bewegungserfahrungen.
- Motivieren und loben Sie Ihr Kind immer wieder, damit es Zutrauen in seine Fähigkeiten entwickelt.
- Kinder müssen die eigenen Grenzen kennenlernen. Daher ist eine gewisse Risikotoleranz Ihrerseits unerlässlich.
- Schaffen Sie Bewegungsanreize für Ihr Kind.
- Seien Sie Ihrem Kind ein gutes Vorbild. Sport und Bewegung machen gemeinsam in der Familie besonders viel Spaß.

Sicherheit beim Schwimmen und Baden

Vielen Kindern macht es Spaß, im kühlen Nass zu planschen, und auch das Schwimmenlernen bereitet vielen Kindern Freude. Die wichtigste Regel für Sie als Aufsichtsperson ist dabei: Lassen Sie vor allem kleine Kinder nie aus den Augen! Das gilt auch, wenn die Kleinen lediglich in Wassernähe spielen. Beachten Sie, dass Luftmatratze oder Gummitiere beim Planschen im Wasser zwar viel Spaß, aber keinerlei Sicherheit bieten. Schenken Sie also den entsprechenden Hinweisen auf den Verpackungen unbedingt Beachtung.

Schwimmhilfen, die auch als solche ausgezeichnet sind und den Normen DIN ISO 12402-5 und DIN EN 13138, Teil 1-3 entsprechen sollten, tragen demgegenüber durchaus dazu bei, Ihr Kind in Gefahrensituationen über Wasser zu halten. Aber auch die Verwendung einer Schwimmhilfe entbindet Eltern nicht von ihrer Aufsichtspflicht.

Vor allem kleine Kinder dürfen beim Schwimmen nie aus den Augen gelassen werden. Dies gilt auch, wenn sie nur in Wassernähe spielen.

Sicherheit beim Grillen

Im Sommer übt nicht nur das kühle Nass auf Groß und Klein eine magische Anziehungskraft aus, auch das genaue Gegenteil – der heiße Grill – findet für gewöhnlich begeisterten Zuspruch. Auch hier gilt: Nur wenn

EXPERTEN-TIPP

Baderegeln zur Unfallsicherheit

Über die genannten Vorsichtsmaßnahmen hinaus hat die DLRG einige Baderegeln zusammengestellt, deren Beachtung dabei hilft, sich und andere beim Baden nicht unnötig zu gefährden und die dazu beitragen sollen, Unfälle zu vermeiden (www.dlrg.de/rund-um-die-sicherheit/baderegeln.html).

Damit aus dem Grillspaß mit Kindern ein ungetrübter Genuss werden kann, sollten sowohl Kinder als auch Erwachsene einige Sicherheitstipps beachten.

Sie einige Tipps zum sicheren Umgang mit dem gefährlichen Gerät beachten, bleibt das Vergnügen ungetrübt.

Sicherheit beginnt hier bereits bei der Auswahl des Grillgeräts. Achten Sie, wenn Sie einen neuen Grill kaufen, darauf, dass er das GS-Prüfzeichen besitzt und der DIN 1860-1 entspricht. Beim Grillen gilt grundsätzlich: Feuer hat in Kinderhänden nichts zu suchen! Aber auch, wenn die Erwachsenen selbst den Grill bedienen, ist die Gefahr noch nicht gebannt.

Allein gut 4.000 Grillunfälle jährlich gehen auf die Verwendung von Brandbeschleunigern zurück. Mehr als 400 dieser Unfälle enden mit schwersten Verbrennungen. Zu den Verletzten zählen oft Kinder, die in der Nähe des Grills spielen oder den Erwachsenen beim Grillen zusehen bzw. hierbei mithelfen. Oft unterschätzen Erwachsene die Gefährlichkeit von Brandbeschleunigern. Wenn Sie Spiritus oder andere Brandbeschleuniger auf die heiße Grillkohle gießen, kommt es zu gefährlichen Verpuffungen und Rückzündungen. Eine riesige Feuerwand kann entstehen und die Flammen können sich bis zu 10 m verbreiten – mit verhängnisvollen Folgen für alle, die sich in der Nähe befinden. Verzichten Sie also am besten ganz auf derartige Hilfsmittel, üben Sie lieber Geduld und verwenden Sie nur feste Grillanzünder (nach DIN EN 1860-2) aus dem Fachhandel.

Der Grill sollte kippsicher aufgebaut sowie nicht in der Nähe brennbarer Materialien aufgestellt sein und ständig im Auge behalten werden.

Achten Sie zudem darauf, dass der Grill kippsicher aufgebaut ist und nicht in der Nähe brennbarer Materialien steht. Lassen Sie den Grill, wenn er einmal angezündet ist, nicht mehr aus den Augen und sorgen Sie dafür, dass in einem Umkreis von 2 bis 3 m rund um den Grill keine Kinder spielen. Löschen Sie nach dem Grillen die Glut vollständig oder behalten Sie den Grill so lange sorgsam im Auge, bis die Glut komplett

verloschen ist. Stellen Sie beim Grillen auf jeden Fall
Materialien bereit, um eventuell entstehende Feuer
sofort löschen zu können. Achten Sie dabei unbedingt
darauf, brennendes Fett nicht mit Wasser zu löschen,
sondern die Flammen stattdessen z. B. mit dem Grill-
deckel, mit Sand oder einer geeigneten Decke zu er-
sticken.

Für den Fall, dass beim Grillen Feuer entsteht, sollten Sie sicherheitshalber Löschmaterial bereitstellen.

Sicherheit im Straßenverkehr

Einige Aspekte im Zusammenhang mit der Sicherheit
im Straßenverkehr haben Sie bereits in den vorangegangenen Kapiteln kennengelernt, und auch Tipps
und Hinweise zur Auswahl und Nutzung von Fahrrad-
helmen (siehe Seite 55) wurden bereits angesprochen.
Im Folgenden werden Sie weitere wichtige Informationen zum Thema Verkehrssicherheit erhalten.

Verkehrserziehung, sobald ein Kind laufen kann

Sobald Ihr Kind anfängt zu laufen, wird es auch zum
Verkehrsteilnehmer. Bereits in diesen jungen Jahren
sollte folglich die Verkehrserziehung beginnen. Weisen
Sie Ihr Kind auf seinen täglichen Wegen immer wieder

In Begleitung der Eltern lernen Kinder, sich sicher und korrekt im Straßenverkehr zu bewegen.

Weisen Sie Ihr Kind im Straßenverkehr immer wieder auf Risiken hin, üben Sie das richtige Verhalten mit ihm ein und gehen Sie mit gutem Beispiel voran.

auf mögliche Gefahren hin und üben Sie das korrekte Verhalten im Straßenverkehr mit ihm ein. Dabei muss es selbstverständlich sein, dass Sie stets mit gutem Beispiel vorangehen. Kinder können nicht einsehen, dass Papa oder Mama die Straße einfach so überqueren dürfen, während sie selbst 100 m bis zum nächsten Zebrastreifen gehen sollen. Eine Vorbildfunktion haben Sie jedoch nicht nur als Fußgänger, sondern auch als Autofahrer oder Radfahrer, der mit Kindern unterwegs ist. Als aggressiver oder allzu risikofreudiger, unvorsichtiger oder sorgloser Autofahrer können Sie nicht erwarten, dass Ihr Kind zu einem rücksichtsvollen und umsichtigen Verkehrsteilnehmer wird.

Denken Sie außerdem stets daran, dass Kinder ihre Umwelt anders wahrnehmen und Gefahren bisweilen gar nicht als solche erkennen können (siehe erstes Kapitel ab Seite 10). Als Erwachsener sollten Sie im Straßenverkehr also immer auch für Ihre und andere Kinder mitdenken. Das heißt aber nicht, dass Sie Ihrem Kind das Denken komplett abnehmen sollen. Es ist wichtig, dass Ihr Nachwuchs auch im Straßenverkehr selbstständig wird. Dies kann jedoch immer nur im Rahmen seiner Fähigkeiten und altersgerecht geschehen.

Fahrradsitze müssen über eine Beinsicherung und verstellbare Fußstützen verfügen und die Möglichkeit bieten, die Füße des Kindes – etwa mit Riemchen – an den Fußstützen festzuschnallen.

Kindersitze für das Fahrrad

Allgemein gilt, dass Kinder bis zu sieben Jahren nur in speziellen Kindersitzen auf dem Fahrrad mitgenommen werden dürfen. Die Personen, die solche Fahrräder fahren, müssen mindestens 16 Jahre alt sein. Ein guter Fahrradsitz sollte über eine hohe Rückenlehne und eine Kopfstütze verfügen. Probieren Sie vor dem Kauf eines Fahrradsitzes auf jeden Fall aus, ob Ihr Kind auch dann noch bequem sitzen kann, wenn es einen Fahrradhelm trägt, denn nicht bei jedem Sitz bieten Rückenlehne und Kopfstütze dem Helm Platz und das Kind muss den Kopf während der Fahrt sehr weit nach vorn nehmen.

Zudem müssen Fahrradsitze auch Festschnallgurte besitzen. Hier haben sich Hosenträgergurte als besonders nützlich erwiesen. Achten Sie beim Kauf darauf, dass sich die Gurte ohne größere Schwierigkeiten auf die Größe Ihres Kindes anpassen lassen. Einen guten Fahrradsitz erkennen Sie daran, dass er nach DIN EN 14344 geprüft worden ist.

Kaufen Sie den Kindersitz am besten beim Fachhändler und nehmen sie Ihr Fahrrad zum Kauf mit. So können Sie sicherstellen, dass Sie einen Sitz erwerben, der gut auf Ihr Fahrrad passt und sich dort sicher befestigen lässt. Der Sitz und die Fußstützen dürfen nicht an beweglichen Teilen des Fahrrads (wie Lenker, Gabel etc.) befestigt sein und der Sitz muss so beschaffen sein, dass die Füße des Kindes nicht in die Speichen geraten können. Die Sitzfläche sollte im Schrittbereich mit einem Höcker ausgebildet sein, damit das Kind beim scharfen Bremsen oder bei einem Aufprall nicht nach vorn rutschen kann.

Häufig wird vergessen, dass auch ein hinten auf dem Fahrrad montierter Kindersitz Gefahren birgt, denn hier kann ein Kind mit den Fingern in die Sattelfedern gera-

> Es empfiehlt sich, das Fahrrad auf dem der Kindersitz montiert werden soll, zum Kauf mitzunehmen. So können Sie ausprobieren, ob der Sitz sich sicher auf dem Fahrrad befestigen lässt.

ten und sich dort schmerzhaft die Finger einquetschen. Damit dies nicht geschieht, können Sie im Fachhandel einen speziellen Sattelfederschutz erwerben.

Fahrradanhänger

Fahrradanhänger bieten zwar durchaus eine angenehme Alternative zu den herkömmlichen Fahrradsitzen, Kinder dürfen in der Regel aber erst darin transportiert werden, wenn sie in der Lage sind, selbstständig zu sitzen. Für einige Fahrradanhänger werden jedoch spezielle Babyschalen angeboten, die auch einen Transport der Allerkleinsten ermöglichen.

Auch beim Kauf von Fahrradanhängern sollten Sie sich am besten von einem Fachmann beraten lassen und auf jeden Fall das Fahrrad, das den Anhänger später ziehen soll, mitnehmen, denn nicht jedes Fahrrad ist auch wirklich dazu geeignet, einen Anhänger zu ziehen. So müssen beispielsweise die Bremsen des Fahrrads besonders gut greifen, da Fahrradanhänger für gewöhnlich über keine eigenen Bremsen verfügen. Auch in einem Fahrradanhänger müssen Kinder stets angegurtet sein. Achten Sie darauf, dass der Gurt über einen guten Verschluss verfügt, mit dem Sie Ihr Kind rasch an- und abschnallen können.

Nehmen Sie Ihr Kind beim Kauf des Anhängers am besten mit. So können Sie auch ausprobieren, ob es im Anhänger bequem sitzen kann. Legen Sie zudem Wert auf eine gute Federung des Anhängers. Minderwertige Modelle dämpfen Stöße ungenügend ab, was bei den hierin transportierten Kindern zu Haltungsschäden führen kann.

Auch der Anhangerkupplung sollten Sie besondere Aufmerksamkeit schenken. Hier gibt es verschiedene Modelle, die Ihnen der Fachhändler zeigen und erklären kann. Wählen Sie eine Kupplung, die gut an Ihr

Da Kinder auch im Fahrradanhänger immer angegurtet sein müssen, ist beim Kauf des Anhängers darauf zu achten, dass der Gurt einen guten und praktisch zu bedienenden Verschluss hat.

Fahrrad zu montieren ist und mit deren Technik Sie gut zurechtkommen, denn das An- und Abkuppeln eines Anhängers geht nicht immer ganz problemlos. Am besten probieren Sie die verschiedenen Modelle beim Fachhändler einfach aus. Achten Sie auf jeden Fall darauf, dass die Anhängerkupplung über eine zusätzliche Sicherung (z. B. in Form einer langen Leine) verfügt, falls die Kupplung einmal versagen sollte. Bedenken Sie, dass ein Fahrradanhänger das Rücklicht Ihres Fahrrads verdeckt. Daher sollte er über ein oder zwei Rücklichter verfügen. Außerdem ist es ratsam, dass der Anhänger eine Signalfarbe aufweist, damit er im Straßenverkehr auffällt. Auch ein Signalwimpel sollte auf keinen Fall fehlen.

Das Fahren mit einem Anhänger ist zunächst ein wenig ungewohnt. Sie müssen sich als Radfahrer an die deutlich größere Breite Ihres Gespanns gewöhnen. Auch sind Sie nicht mehr so beweglich wie beim Fahren ohne Anhänger. Fahren Sie also vorsichtig und üben Sie gegebenenfalls den Umgang mit dem Fahrradanhänger, bevor Sie Ihr Kind zum ersten Mal darin transportieren.

Beim Fahren mit dem Anhänger sollten Sie anfangs langsam und vorsichtig fahren.

Sitz oder Anhänger?

Sofern Sie die genannten Ratschläge berücksichtigen, sind sowohl Fahrradsitz als auch Fahrradanhänger recht sicher. Fahrradanhänger gelten jedoch vielen als sicherer und praktischer. Besonders bei längeren Strecken haben sie sich bewährt, da die Kinder hier ein wenig bequemer sitzen und sogar recht entspannt schlafen können. Auch Stürze sind hier kaum möglich, da der Schwerpunkt des Anhängers niedrig genug liegt, um ihn stabil auf der Straße stehen (bzw. rollen) zu lassen. Zudem bieten Anhänger einen guten Wetterschutz und Stauraum für Gepäck. Ein Nachteil ist

Autokindersitze soll-
ten Sie am besten im
Fachhandel kaufen
und Ihr Kind zum
Kauf mitnehmen.

allerdings, dass Fahrradanhänger wesentlich teurer als Fahrradsitze sind. Für ein gutes Modell müssen sie zwischen 300 und 900 Euro anlegen. Außerdem befindet sich ein im Anhänger transportiertes Kind im Straßenverkehr in Höhe der Autoabgase.

Kindersitze für das Auto

Kinder bis zum vollendeten zwölften Lebensjahr, die kleiner als 1,50 m sind, dürfen Sie in Kraftfahrzeugen mit vorgeschriebenen Sicherheitsgurten nur dann mitnehmen, wenn Sie eine amtlich genehmigte und für das jeweilige Kind geeignete Rückhalteeinrichtung verwenden. Kinder über zwölf Jahren unterliegen dieser Kindersicherungspflicht nicht, selbst wenn sie kleiner als 1,50 m sind. Allerdings sollten Sie aus Sicherheitsgründen in einem solchen Fall auch dann noch unbedingt eine Sitzerhöhung nutzen. Kinder unter zwölf Jahren, die größer als 1,50 m sind, müssen hingegen bereits den regulären Sicherheitsgurt verwenden.

Seit April 2008 dürfen Sitze, die nicht der Prüfnorm ECE 44/03 oder 44/04 entsprechen, nicht mehr verwendet werden. Sie sollten also auch bereits vorhandene Autositze dahingehend kontrollieren und gegebenenfalls ersetzen.

Wenn es darum geht, den geeigneten Sitz für Ihr Kind zu finden, dürfen Sie sich nicht an dessen Körpergröße orientieren: Ausschlaggebend ist vielmehr das Gewicht. Altersangaben, wie man sie in diesem Zusammenhang häufig findet, basieren lediglich auf Durchschnittsangaben. Einige Kinder sind jedoch größer und schwerer als der Durchschnitt ihrer Altersgenossen, andere zählen in ihrer Altersklasse wiederum eher zu den Leichtgewichten. Den exakt richtigen Autositz für Ihr Kind zu finden, ist für dessen Sicherheit jedoch extrem wichtig. Ist das Kind für den verwendeten Sitz schon zu groß und zu schwer bzw. noch zu klein oder zu leicht, ist ein sinnvoller Schutz nicht mehr gewährleistet.

Im Fachhandel erhalten Sie auch Beratung, wenn es darum geht, den Autositz korrekt einzubauen, denn einen sinnvollen Schutz bieten Kindersitze nur, wenn sie auch sachgemäß angebracht sind. Diesbezügliche Untersuchungen haben ergeben, dass bis zu zwei Drittel der Sitze falsch montiert werden, bei einem Drittel liegen sogar schwere Einbaufehler vor. Am besten ist es, wenn Sie vor dem Kauf eines Kindersitzes den Einbau in Ihrem eigenen Fahrzeug ausprobieren und sich vom Fachhändler die korrekte Montage zeigen lassen. Am sichersten sind in dieser Hinsicht die sogenannten ISOFIX-Systeme. Diese verfügen über eine fest montierte Basis, auf der der Kindersitz (und auch die Babyschale) montiert wird. Diese Systeme haben allerdings den Nachteil, dass sie nicht in jedes Fahrzeug montiert werden können und die Nutzbarkeit der Rückbank einschränken.

> Untersuchungen haben ergeben, dass bis zu zwei Drittel aller Autokindersitze falsch montiert werden. Lassen Sie sich diesbezüglich im Fachhandel beraten.

Das verkehrssichere Kinderfahrrad

In vielen Haushalten wird oft an der falschen Stelle gespart, so z. B. auch beim Kinderfahrrad. Aber gerade

EXPERTEN-TIPP

Sicherheit mit Babyschale

Wenn Sie Ihr Baby auf dem Beifahrersitz transportieren möchten, ist es auf jeden Fall notwendig, den Beifahrerairbag zu deaktivieren, da dieser im Fall seiner schnellen Entfaltung ein Verletzungsrisiko für das Kind birgt. Ist die Deaktivierung nicht möglich, dürfen Sie das Kind nur rückwärts sitzend auf der Rückbank transportieren.

hier sollten Sie im Interesse Ihres Kindes auf eine solide und robuste Verarbeitung achten. Das zahlt sich letztlich aus, denn die Fahrräder halten wesentlich länger und bieten dem Kind eine deutlich größere Sicherheit. Kinderfahrräder sollten in jedem Fall der DIN EN 14765 entsprechen. Die Anforderungen an die Verkehrstüchtigkeit und Ausstattung von Kinderfahrrädern unterscheiden sich im Grundsatz eigentlich nicht von den Anforderungen an jedes andere Fahrrad auch: Es sollte unbedingt über eine gute Bremsanlage verfügen, d. h., es müssen zwei voneinander unabhängige Bremsen vorhanden sein, eine für das Vorderrad und eine für das Hinterrad.

Ein sicheres Kinderfahrrad verfügt über eine Lichtanlage, bestehend aus einer weißen Front- und einer roten Schlussleuchte, die mit einem Reflektor versehen ist.

Zudem muss das Fahrrad auch über eine Lichtanlage, bestehend aus einer weißen Frontleuchte und einer roten Schlussleuchte, verfügen. Dabei muss die Schlussleuchte zusätzlich mit einem Reflektor versehen sein. Außerdem braucht das Rad noch einen weiteren großen Rückreflektor. Pro Rad sind auch zwei Speichenreflektoren vorgeschrieben. Außerdem müssen die Pedale mit zwei Reflektoren versehen sein. Bei im Handel angebotenen Kinderfahrrädern fehlen diese Reflektoren im Gegensatz zu Fahrrädern für Jugendliche und Erwachsene häufig.

Auch eine Klingel gehört zur Standardausrüstung für jedes Kinderfahrrad. Hierbei sollten Sie Ihr Kind jedoch auch darauf aufmerksam machen, in welchen Fällen der Einsatz der Fahrradklingel sinnvoll ist und wann nicht, damit das Klingeln nicht zur ständigen Lärmbelästigung wird.

Zusätzliche Sicherheit fürs Kinderrad

Darüber hinaus empfehlen sich noch einige weitere Maßnahmen, die die Sicherheit am Kinderfahrrad verbessern. So bieten Fahrräder, die über Standlichter verfügen, ein Plus an Sicherheit und werden gerade in der Dämmerung oder bei Dunkelheit wesentlich besser von anderen Verkehrsteilnehmern wahrgenommen. Besonders bei kleinen Kinderfahrrädern kann auch ein bunter Wimpel am Gepäckträger sinnvoll sein, der die Sichtbarkeit des Fahrrads verbessert. Empfehlenswert ist auch ein gepolsterter Sicherheitslenker mit verdickten Enden zum Schutz vor Sturzverletzungen. Ein Kettenschutz, der verhindert, dass die Kleidung des Kindes in die Kette gerät und so zu Stürzen führt, sollte auch nicht fehlen. Damit schließlich die Freude am Fahrrad auch lange anhält, sollten auch Kinderräder über eine wirksame Diebstahlsicherung verfügen.

Beim Vorbeifahren an Pkws sollten Kinder Vorsicht walten lassen, denn plötzlich aufschlagende Autotüren provozieren fast immer einen Sturz.

Tipps für sicherheitsbewusstes Fahrradfahren

Wenn Ihr Kind nicht nur über ein technisch einwandfreies Fahrrad verfügt, sondern auch die folgenden Sicherheitstipps berücksichtigt, die Sie ihm nahebringen sollten, sollte einem ungetrübten Fahrvergnügen in Zukunft nichts mehr im Weg stehen:

- Ihr Kind sollte nie ohne Helm fahren.
- Achten Sie darauf, dass Ihr Kind bei schlechter Sicht immer mit ausreichender Beleuchtung unterwegs ist.
- Besonders bei schlechten Sichtverhältnissen, in der Dämmerung und bei Dunkelheit sollte Ihr Kind auffällige Kleidung mit reflektierenden Streifen tragen.
- Kinder unter acht Jahren müssen auf dem Gehweg fahren, mit acht und neun Jahren dürfen sie sowohl auf den Gehweg als auch auf der Straße unterwegs sein. Ältere Kinder dürfen hingegen nicht mehr auf dem Gehweg fahren (StVO § 2 (5)). Machen Sie Ihr

Neben der Verkehrssicherheit des Fahrrads ist auch das Fahrverhalten des Kindes für seine Sicherheit entscheidend.

Kind dann jedoch darauf aufmerksam, möglichst Radwege oder speziell für Radfahrer vorgesehene Verkehrsführungen zu benutzen.

- Das Kind sollte darauf achten, immer einen Sicherheitsabstand von ½ bis 1 m zum Fahrbahnrand einzuhalten.
- Der Wechsel der Fahrtrichtungen muss immer früh genug mit einem entsprechenden Handzeichen angezeigt werden.
- Gepäck oder Taschen sollten nicht am Lenker transportiert werden.
- Sorgen Sie immer dafür, dass sich das Fahrrad Ihres Kindes in einem technisch einwandfreien Zustand befindet.

Der Schulweg zu Fuß

Mit der Einschulung beginnt eine ganz neue Phase im Leben Ihres Kindes. Es sieht sich mit einer Reihe unbekannter und bisweilen auch anstrengender Anforderungen konfrontiert. Eine dieser Anforderungen ist der Schulweg.

Für einige Kinder beginnt erst mit der Einschulung die regelmäßige und aktive Teilnahme am Straßenverkehr.

EXPERTEN-TIPP

Die richtige Fahrradgröße

Sicheres Fahrradfahren ist nur dann möglich, wenn das Fahrrad selbst die richtige Größe hat und auch korrekt auf die Größe des Kindes eingestellt ist. Bei der Auswahl der Fahrradgröße sollten Sie am besten einen Fachhändler zurate ziehen. Für die Feineinstellung gibt es aber eine Faustregel: Ihr Kind sollte, wenn es auf dem Sattel sitzt, mit beiden Fußspitzen gleichzeitig den Fußboden erreichen können.

Vieles ist noch ungewohnt und es kommen auch einige Gefahren hinzu, denen die Kinder bisher noch nicht ausgesetzt waren.

Je besser sich Ihr Kind an den Schulweg gewöhnt hat, desto einfacher wird ihm die selbstständige Bewältigung des Weges mit seinen Anforderungen fallen. Daher ist es ratsam, den Weg zur Schule oder zum Schulbus schon lange vor dem ersten Schultag zu üben. Wichtig ist es dabei jedoch, dass sie den Weg während der normalen Schulwegzeiten, also unter authentischen Bedingungen, gehen.

Sie sollten Ihr Kind auch noch einige Zeit nach dem Schulanfang auf seinem Weg begleiten. Es kann auch nicht schaden, auch später noch zuweilen zu kontrollieren, ob es sich im Verkehr auch korrekt verhält. Bei solchen Kontrollen können Sie gleichzeitig neue Gefahrenquellen, wie z. B. Baustellen, die auf dem Schulweg entstanden sind, kennenlernen und Ihrem Kind das diesbezüglich richtige Verhalten erklären. Wenn Sie mit Ihrem Kind unterwegs sind, sollten Sie sich immer Ihrer Vorbildrolle bewusst sein und ihm mit gutem Beispiel vorangehen.

Zudem ist es ratsam, den Schulweg sorgsam zu planen. Nicht immer ist der schnellste Weg auch der sicherste. Manchmal kann es ratsam sein, einen kleinen Umweg in Kauf zu nehmen und somit besonders gefährliche Stellen zu meiden. In diesem Fall sollten Sie Ihr Kind unbedingt ermahnen, immer den etwas längeren, aber sichereren Weg zu gehen.

Achten Sie darauf, dass Ihr Kind auffällige Kleidung trägt und dass auf dem Schulranzen Reflektoren und fluoreszierende Materialien (tagleuchtend gelb oder orange) angebracht sind. Wählen Sie am besten einen Schulranzen der der DIN 58124 entspricht, dann weist er auch die vorgeschriebenen Reflektoren auf.

Für den winterlichen Schulweg empfiehlt es sich, Reflektoren für die Kleidung zu besorgen, damit Ihr Kind frühzeitig und problemlos wahrgenommen werden kann.

Der Schulweg mit Bus und Bahn

Auch wenn Ihr Kind mit Bus und Bahn zur Schule unterwegs ist, sollten Sie den Schulweg mit ihm üben. Dazu gehört auch, das richtige Verhalten in den Bussen und an den Bushaltestellen zu besprechen. Ermahnen Sie Ihr Kind, an der Haltestelle nicht zu toben oder zu raufen. Auch sollte es immer einen deutlichen Abstand zu heranfahrenden Bussen oder Bahnen halten. Beim Aussteigen ist besondere Vorsicht geboten, wenn die Kinder die Straße vor oder hinter dem Bus überqueren müssen. Hier sind sie für andere Verkehrsteilnehmer nur schwer zu sehen.

Schließlich sollten Sie auch Sorge dafür tragen, dass Ihr Kind – unabhängig davon, ob es zu Fuß oder mit öffentlichen Verkehrsmitteln unterwegs ist – immer früh genug das Haus verlässt, um den Weg nicht in Stress und Hektik absolvieren zu müssen.

Auch bei öffentlichen Verkehrsmitteln ist ein sicherheitsbewusstes Verhalten wichtig. So sollten Sie Ihr Kind dazu anhalten, an Haltestellen nicht zu raufen und Abstand zu heranfahrenden Bussen und Bahnen zu halten.

EXPERTEN-TIPP

Das Überqueren der Straße ist besonders gefährlich

Die größten Gefahren für Kinder lauern beim Überqueren der Fahrbahn an ungesicherten Stellen, was laut ADAC nach wie vor die Hauptunfallursache bei Kindern auf dem Schulweg ist. Besonders schwierig wird es, wenn parkende Autos am Fahrbahnrand stehen und sowohl den Kindern als auch den Autofahrern die freie Sicht versperren. Aber auch gesicherte Übergänge bergen Gefahren. So treten z. B. auf Zebrastreifen besonders häufig Fußgängerunfälle auf. Zebrastreifen bieten also nur eine sehr trügerische Sicherheit. Es ist also wichtig, dass Sie Ihrem Kind erklären, dass es auch an gesicherten Übergängen sehr aufmerksam sein muss.

Gesundheitsvorsorge

Wenn es um Kindersicherheit geht, darf das Thema Gesundheitsvorsorge auf keinen Fall fehlen. Gesunde Kinder, die sich ihrem Alter entsprechend entwickeln können, sind deutlich weniger häufig Gefahren und Risiken ausgesetzt als Kinder, auf deren Gesundheit weniger Sorgfalt verwendet wird.

Die Früherkennungsuntersuchungen

Die neun Früherkennungsuntersuchungen, besser bekannt unter den Kürzeln U1 bis U9 bilden ein wichtiges Mittel, um festzustellen, ob Ihr Kind sich altersgemäß entwickelt und um gegebenenfalls frühzeitig therapeutische Maßnahmen einleiten zu können.

Sechs dieser Untersuchungen werden bereits im ersten Lebensjahr Ihres Kindes durchgeführt, die drei letzten Untersuchungen finden in größeren Abständen bis hin zum Schulalter des Kindes statt. Alle Untersuchungsergebnisse werden in ein Kinder-Untersuchungsheft eingetragen, das der Mutter nach der Geburt des Kindes bei der Entlassung aus der Klinik ausgehändigt wird. Dieses Heft müssen Sie zu jeder Vorsorgeuntersuchung mitbringen. Die Kosten für die neun Untersuchungen werden – wie auch die Kosten für Medikamente für Kinder bis zum 18. Lebensjahr – komplett von den gesetzlichen Krankenkassen übernommen. Auch Praxisgebühren entfallen.

Eine umsichtige Gesundheitsvorsorge für Kinder beinhaltet auch regelmäßige Impfungen beim Haus- oder Kinderarzt.

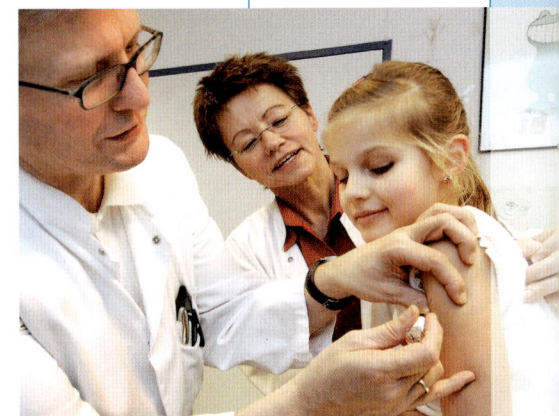

Die J1-Untersuchung

Mit der letzten Früherkennungsuntersuchung enden die regelmäßigen ärztlichen Checks zur

Für Jugendliche zwischen dem 12. und dem 15. Lebensjahr ist die sogenannte J1-Untersuchung sinnvoll.

Gesundheit Ihres Kindes allerdings noch nicht: Für Jugendliche zwischen dem 12. und 15. Lebensjahr wird die sogenannte J1-Untersuchung empfohlen. Sie dient einer Überprüfung der körperlichen und seelischen Gesundheit, bei der Größe, Gewicht, Blut, Harn, Blutdruck sowie der Zustand der Organe, des Skelettsystems und der Sinnesfunktionen untersucht werden. Zudem erfasst der Kinder- und Jugendarzt den Impfstatus seines Patienten. Darüber hinaus werden bei der Untersuchung neben familiären und schulischen Problemen auch Themen wie Essstörungen, Drogenmissbrauch oder Verhütung angesprochen.

Impfungen

Kaum ein Thema ist bei der medizinischen Versorgung von Kindern und Jugendlichen so umstritten wie das Thema der Vorsorgeimpfungen. Es gibt Eltern, die ihre Kinder sehr oft und gegen vielerlei Erkrankungen impfen lassen und andere, die Impfungen komplett ablehnen. Beide Extreme stellen jedoch nicht unbedingt die

Impfung gegen	Alter in vollendeten Monaten				
	2	3	4	11–14	15–23
Wundstarrkrampf (Tetanus)	●	●	●	●	
Diphtherie	●	●	●	●	
Kinderlähmung	●	●	●	●	
Keuchhusten	●	●	●	●	
Hirnhaut- und Kehlkopfentzündung	●	●	●	●	
Hepatitis B	●	●	●	●	
Pneumokokken				●	●
Masern				●	●
Mumps				●	●
Röteln				●	●
Windpocken				●	●
Meningokokken C (1-mal)				●	

optimale Lösung dar. Grundsätzlich zählen Impfungen zu den wichtigen vorbeugenden Maßnahmen, die die heutige Medizin kennt. Sie machen es möglich, Kinder und Jugendliche vor vielen Infektionskrankheiten zu schützen, die sonst zu ernsthaften Komplikationen und Folgeschäden führen könnten. Daher wird inzwischen eine Reihe von Impfungen für Kinder im Säuglings- und Kleinkindalter empfohlen.

Die entsprechenden Impfempfehlungen werden in Deutschland von der ständigen Kommission, einer unabhängigen Expertenkommission am Robert-Koch-Institut in Berlin ausgesprochen und in einem soge-nannten Impfkalender veröffentlicht. Dieser Kalender wird regelmäßig entsprechend den neuesten Erkennt-nissen der Forschung aktualisiert.

Wann welche Impfungen durchgeführt werden sollten, können Sie der Tabelle links unten entnehmen. Ab-weichungen von diesem Impfplan sind möglich und manchmal sogar notwendig. Daher sollten Sie sich immer mit Ihrem Haus- oder Kinderarzt beraten, wenn es um die Impfungen Ihres Kindes geht.

Impfungen schützen vor folgenschweren Infektionen. Hierbei können Sie sich am Impfkalender des Robert-Koch-Instituts orientieren.

Zahnpflege

Auch für Kinder ist die Zahnpflege ein wichtiges The-ma, vielleicht sogar noch wichtiger als für Erwachse-ne, denn wer als Kind eine vernünftige Zahnpflege ge-lernt hat, wird diese Kenntnisse auch als Erwachsener wie selbstverständlich anwenden.

Bei vielen Eltern herrscht jedoch das Gefühl vor, dass die Pflege der Milchzähne noch nicht so wichtig sei, da diese ohnehin ausfallen. Dies ist allerdings ein Trug-schluss, denn die Milchzähne sind wichtige Platzhalter für die bleibenden Zähne im Gebiss des Kindes. Abge-sehen davon bereitet auch ein kranker Milchzahn dem Kind Schmerzen und erfordert unter Umständen eine

Eine gewissenhafte Zahnpflege sollten Kinder unter Anleitung schon möglichst früh erlernen.

unangenehme Zahnarztbehandlung, die Sie Ihrem Kind auch ersparen können.

Drei wichtige Bausteine lassen sich benennen, damit die Zähne Ihres Kindes gesund bleiben: Die tägliche Zahnpflege, eine gesunde Ernährung und eine ausreichende Versorgung mit Fluorid. Fluorid schützt vor Karies, indem es den weißen Zahnschmelz widerstandsfähiger gegen Säure macht. Sie können es Ihrem Kind bis zu einem Alter von drei Jahren z. B. in Tablettenform verabreichen. Sobald Ihr Kind die Zahnpasta ausspucken kann – das ist meist mit etwa drei Jahren der Fall –, sollten Sie seine Zähne sorgfältig mit einer fluoridhaltigen Kinderzahnpasta pflegen. Viele Zahnärzte bieten mittlerweile spezielle Prophylaxetermine für Kinder im Kindergarten- und Vorschulalter an, bei denen sie lernen, ihre Zähne richtig zu pflegen. Erkundigen Sie sich am besten bei Ihrem Zahnarzt, ob auch er ein derartiges Angebot macht und nehmen Sie es dann auf jeden Fall in Anspruch. Was Ihr Kind einmal gelernt hat, verlernt es so schnell nicht wieder und es erspart sich mit einer guten Mundhygiene später jede Menge Probleme und Schmerzen.

Hygienemaßnahmen

Nicht nur die Zahnhygiene ist wichtig für eine gesunde Entwicklung Ihres Kindes, auch das Thema Körperpflege muss in diesem Zusammenhang erwähnt werden. Dabei ist es wichtig, das richtige Maß zu finden, denn auch übertriebene Hygiene kann schädlich sein. Kinder sollten auf keinen Fall „keimfrei" aufwachsen, denn schon das kindliche Immunsystem wird durch den Kontakt mit Keimen sensibilisiert und für künftige Infekte gestärkt. Grundsätzlich gilt, dass Ihr Kind möglichst früh lernen sollte, sich selbst zu waschen. Das

Bei der Hygiene ist das richtige Maß entscheidend. Auch ein Zuviel an Körperpflege kann schädlich sein, denn der frühe Kontakt mit Keimen stärkt das Immunsystem.

fördert nicht nur die Selbstständigkeit, sondern hilft auch dem Kind, ein Gefühl für den eigenen Körper zu entwickeln. Zur täglichen Reinigung genügt es, Gesicht, Füße und den Genitalbereich zu waschen. Es muss nicht jeden Tag gebadet oder geduscht werden; wöchentlich ein- oder zweimal baden oder duschen reicht für gewöhnlich völlig aus. Auch ist es nicht unbedingt nötig, immer Seife oder ein Duschgel zu verwenden, denn bisweilen löst auch schon warmes Wasser allein den Schmutz.

Rauchfreie Umgebung

Zudem sollte es selbstverständlich sein, dass Ihr Kind in einer rauchfreien Umgebung aufwachsen kann, denn besonders für Kinder ist das Passivrauchen eine große Gefahr. Kinder haben eine höhere Atemfrequenz und ihr Organismus reagiert besonders empfindlich auf Belastungen der Atemluft, weil sich ihr Körper noch in der Entwicklung befindet. Deshalb können ihre Organe schnell schwer geschädigt werden. Auch Asthma und andere chronische Atemwegserkrankungen, Entzündungsbronchitis sowie chronische Mittelohrentzündungen treten besonders häufig in Raucherhaushalten auf.

> Für Kinder ist das Passivrauchen eine große Gefahr, denn ihr Organismus reagiert empfindlicher auf Belastungen der Atemluft.

◤ EXPERTEN-TIPP

Zahnputztipps

Solange Ihr Kind Fluoridtabletten erhält, sollten Sie ihm die Zähne nach den Mahlzeiten nur mit Wasser und einer weichen Zahnbürste reinigen. Wenn es keine Fluoridtabletten erhält, putzen Sie zunächst einmal am Tag die Zähne Ihres Kindes mit einer fluoridhaltigen Kinderzahnpasta. Ab dem zweiten Geburtstag können Sie dieses Pflegemittel auch zweimal am Tag verwenden.

CHECKLISTE

Ist der Spielplatz kinderfreundlich und sicher?

Zugangsbereich, Umzäunungen, Einfriedungen, Bepflanzungen

❏ Sind bei verkehrsreichen Straßen Abgrenzungen zum Spielplatz wie z. B. Barrieren oder selbstschließende Tore vorhanden?

❏ Gibt es ein Hinweisschild mit Notrufnummern und Verantwortlichkeiten?

❏ Sind die Zaunenden ungefährlich und besitzen keine Spitzen oder scharfkantigen Teile?

❏ Beträgt die Zaunhöhe ca. 1 m und im Ballspielbereich mindestens 4 m?

❏ Sind die Zäune nicht erkletterbar?

❏ Gibt es ausreichend Stellplätze?

Untergrund

❏ Haben die Rasenflächen ein gepflegtes Erscheinungsbild?

❏ Sind Sand und Kies frei von Verunreinigungen?

❏ Sind Hackschnitzel und Rindenmulch nicht zu stark komprimiert?

❏ Weisen sie keine Fäulnisbildung auf?

❏ Sind die Fallschutzbeläge so verlegt, dass es keine hochstehenden Stoßkanten gibt, die zu Stolperfallen werden könnten?

Ausstattung

❏ Sind alle Sitzgelegenheiten fest mit dem Untergrund verbunden?

❏ Sind Sitzplätze und Lehnen von Bänken fest montiert und wackeln nicht?

❏ Werden Mülleimer regelmäßig geleert?

Spielplatzgeräte allgemein

❏ Verfügen alle Spielplatzgeräte über das GS-Prüfzeichen?

❏ Verfügen Geräte aus Metall über einen Schutzanstrich, der keinen Rost aufweist?

❏ Sind die Einzelteile von Holzgeräten fest miteinander verbunden?

❏ Gibt es keine vorstehenden Gewindeenden, Schrauben oder Nagelköpfe?

❏ Ist das Holz in einwandfreiem Zustand und fault nicht?

❏ Weisen Kunststoffgeräte keine verschlissene Kunststoffschicht auf?

❏ Sind die Endverbindungen von Seilen in Ordnung und nicht verschlissen?

Spielplatzgeräte typbezogen

❏ Sind die letzten Kettenglieder am Sitz und am Gelenk einer Schaukel in gutem Zustand?

❏ Weisen Rutschen keinerlei Spalten auf?

❏ Ist das Rutschblech so fest mit den Seiten verbunden, dass auch unter Last keine Spalte entsteht?

❏ Befindet sich das Ende der Rutsche nicht zu hoch über dem Boden (höchstens 35 cm)?

❏ Sind die Lager eines Karussells in Ordnung, sodass es auf der Achse nicht wackelt?

❏ Haben Wippen eine ausreichende Endanschlagsdämpfung?

❏ Sind ihre Lager nicht ausgeschlagen?

❏ Ist der Sitz der Seilbahn unbeschädigt?

❏ Beträgt der Abstand des Sitzes zum Untergrund unter Last mindestens 40 cm?

Information:
Die für dieses Kapitel relevanten DIN-Normen sind:
DIN 1860-1, DIN 1989, DIN 51097, DIN 58124, DIN EN 71-1, DIN EN 1078, DIN EN 1176/1177, DIN EN 1860-1 und 2, DIN EN 13138, Teil 1–3, DIN EN 14120, DIN EN 14344, DIN EN 14749, DIN EN 14765, DIN ISO 12402-5, DIN VDE 0100-701.

Wissenswertes zum Notfallverhalten

Selbst bei der besten Prävention kann es geschehen, dass irgendwann einmal ein Notfall eintritt, den man nicht einmal immer unbedingt selbst verschuldet haben muss. Auch in dieser Situation ist es wichtig, einen möglichst kühlen Kopf zu bewahren und überlegt zu handeln, um möglichst wenig Schaden entstehen zu lassen. Das grundsätzliche Verhalten in einem Notfall bleibt dabei immer gleich, unabhängig davon, ob hierin Kinder verwickelt sind oder nicht. Es gibt jedoch auch Besonderheiten bei der Notfallhilfe, die in erster Linie Kinder betreffen.

Verhalten im Notfall

Bewahren Sie auf jeden Fall einen kühlen Kopf und reagieren Sie überlegt. Verschaffen Sie sich anschließend zunächst einen Überblick über das Geschehen, damit Sie die richtigen Maßnahmen ergreifen können. Danach kommt es darauf an, die beteiligten und verletzten Kinder aus dem Gefahrenbereich herauszuschaffen. Wenn es möglich ist, sollten Sie auch die Gefahrenquelle absichern. Gleich danach sollten Sie sich um die Verletzten kümmern und Erste-Hilfe-Maßnahmen ergreifen.

Oft wird es auch nötig sein, Hilfe zu holen. In einem solchen Fall wählen Sie die Telefonnummer 112 und geben dort gezielt alle wichtigen Auskünfte. Die folgenden Fragen können Ihnen beim Strukturieren der Auskünfte helfen:

- Wo ist es passiert (Ortsangabe, Wegbeschreibung bei schwer zu findenden Örtlichkeiten)?
- Was ist passiert (Unfall beschreiben)?
- Welcher Art ist die Verletzung (Beobachtung, Schwere der Verletzung)?
- Wie viele Personen sind beteiligt (auch das Alter der verletzten Person angeben)?
- Warten Sie auf Rückfragen.

Erste-Hilfe-Maßnahmen

Sprechen Sie, wenn Sie das Kind aus der Gefahrensituation in Sicherheit gebracht haben, beruhigend auf es ein – auch, wenn Sie nicht ganz sicher sind, ob es Sie überhaupt hören kann. Als nächsten Schritt sollten Sie das Kind zügig, aber ohne Hast, auf Verletzungen untersuchen. Überprüfen Sie gegebenenfalls die Atmung, ob die Atemwege frei sind und ob das Herz schlägt. Bei einem Säugling können Sie den

Puls am besten an der Innenseite des Oberarms oder an der Leiste prüfen. Bei älteren Kindern können Sie das Pulsfühlen zuvor üben, damit Sie im Notfall nicht mehr lange nach dem Puls suchen müssen. Ob Ihr Kind noch atmet, erkennen Sie am besten an seinem Bauch. Legen Sie dazu eine Hand unterhalb der Rippen auf den Bauch. Hebt sich die Bauchdecke, atmet das Kind.

Rufen Sie bei Herz- oder Atemstillstand immer sofort den Notarzt. Beginnen Sie dann mit der Herzmassage und mit der Mund-zu-Mund- oder Mund-zu-Nase-Beatmung. Beatmen Sie bei Kleinkindern und Säuglingen Mund und Nase gleichzeitig. Beginnen Sie bei diesen Maßnahmen immer zuerst mit der Beatmung, um die Sauerstoffversorgung im Blut zu sichern.

Vielen ist der lebensrettende Handgriff des Überstreckens des Kopfes in den Nacken bekannt. Führt man diese Maßnahme bei Säuglingen durch, kann es wegen deren besonderer Anatomie zur Atemnot bis hin zum Atemstillstand kommen. Deswegen darf man diese Maßnahme nicht bei Säuglingen durchführen. Bringen Sie Ihr Kind, wenn es bewusstlos ist, in die stabile Seiten-

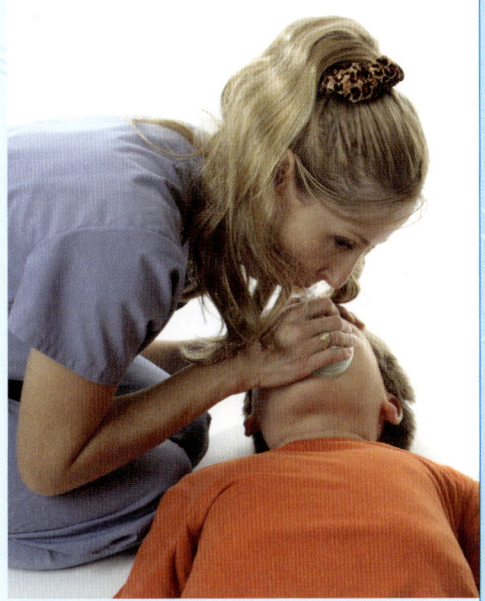

Ist ein Kind bewusstlos, sind Herzschlag und Atmung zu prüfen und der Notarzt zu rufen. Eine lebensrettende Erste-Hilfe-Maßnahme bei einem Atemstillstand ist zudem die Mund-zu-Mund-Beatmung.

lage. Bei einem Säugling oder Kleinkind sieht diese ein wenig anders aus, als Sie das vielleicht aus Ihrem Erste-Hilfe-Kurs gewohnt sind: Legen Sie das Kind auf den Bauch, drehen Sie seinen Kopf zur Seite und öffnen Sie seinen Mund.

Versorgen Sie nun Blutungen wie Schnitt- oder Platzwunden. Bei lebensbedrohlichen Blutungen müssen Sie sofort handeln und versuchen, die Blutung zu stoppen.

So fühlt sich Ihr Kind rundum wohl

Kapitelübersicht Sicheres Kinderzimmer

Sorgsame Planung	80	Sinnvoller	
Kinderfreundliche		Fernsehkonsum	100
Einrichtung und		Sicher unterwegs	
Ausstattung	85	im Internet	103
Sicherheits-		Kindgerechte	
maßnahmen	96	Produkte kaufen	107
Ergonomische Möbel	98		

Das sichere und pädagogisch eingerichtete Kinderzimmer

Für Kinder ist das Kinderzimmer einer der wichtigsten Orte: Hier wird gespielt, getobt, gekuschelt und geschlafen. Mit einer sorgfältigen und bedachten Einrichtung dieses Raumes können Sie viel zum Wohlbefinden Ihres Kindes beitragen. Sorgfalt sollten Sie aber nicht nur bei der Einrichtung des Kinderzimmers walten lassen, sondern auch grundsätzlich beim Erwerb von Kinderprodukten.

Mit einer sicheren und bedachten Kinderzimmereinrichtung können Eltern viel zum Wohlbefinden ihres Kindes beitragen.

Sorgsame Planung

Das Kinderzimmer ist das erste „eigene Reich" der Kleinen. Hierhin können sie sich zurückziehen, wenn sie einmal allein und ungestört sein wollen. Später kommt ein weiterer wichtiger Aspekt hinzu: Auch der erste Arbeitsplatz Ihres Kindes befindet sich für gewöhnlich im Kinderzimmer. Spätestens in der Schwangerschaft beginnt man daher, sich darüber Gedanken zu machen, wie das künftige Kinderzimmer aussehen sollte.

Die richtige Größe

In Deutschland gibt es keine gesetzliche Bestimmung über die Mindestgröße eines Kinderzimmers, im Gegensatz z. B. zur ehemaligen DDR, wo eine Bestimmung vorsah, dass Kinderzimmer in Neubauten nicht kleiner als 8 m² sein durften.

Einige Bundesländer haben jedoch bei der Förderung von Bauvorhaben Mindestgrößen für Kinderzimmer festgelegt. In vielen Fällen heißt es hierbei, dass die Zimmer bei einer Belegung mit einem Kind mindestens 10 m², wenn sich zwei Kinder den Raum teilen, mindestens 12 m² groß sein sollten. Es gibt aber auch Experten, die eine Mindestgröße von 14 m² bis 18 m² für durchaus gerechtfertigt halten. Wenn man bedenkt, welche Funktionen ein Kinderzimmer einnimmt (Schlaf-, Wohn- und Arbeitszimmer), erscheinen diese Zahlen durchaus gerechtfertigt.

Beim Raumbedarf eines Kinderzimmers wird meist eine Mindestgröße von 10 m² für ein und von 12 m² für zwei Kinder veranschlagt.

Das Kinderzimmer sollte hell und freundlich, nicht überladen sein. Die Einrichtung sollte kindgerecht sein und die Wünsche des Kindes berücksichtigen.

Allerdings lässt sich das nicht überall – und vor allem nicht in allen Mietwohnungen – realisieren. Besonders in Stadtwohnungen wird Kindern häufig deutlich weniger Platz zugemessen. Aber auch in diesem Fall gilt die Direktive: Besser ein kleines Zimmer als gar keines. Selbst bei einer sehr geringen Zimmeranzahl sollten Eltern daher zugunsten ihrer Kinder lieber auf ein Stück eigene Privatsphäre verzichten, als dies von ihren Kindern zu verlangen.

Die Lage des Zimmers

Auch über die Lage des Kinderzimmers in Ihrer Wohnung oder Ihrem Haus sollten Sie sich bei der Planung einige Gedanken machen. Hierbei hat es sich als günstig erwiesen, dass sich die Zimmer von Babys und Kleinkindern in der Nähe des Elternschlafzimmers befinden. So können Sie vor allem nachts schnell zu Ihrem Kind gelangen, wenn es Sie braucht. Auf der anderen Seite muss ein kleineres Kind, wenn es zu Ihnen kommen möchte, auch keine langen und – vor allem bei Dunkelheit – gefährlichen Wege zurücklegen.

Bei Kindern im Vorschul- und beginnenden Schulalter werden Sie sich als Elternteil häufig wünschen, wenigstens zur Schlafenszeit im eigenen Schlafzimmer ein wenig Ruhe zu finden. Wenn Ihr Kind etwas selbstständiger geworden ist, ist es auch nicht mehr unbedingt nötig, dass sich sein Zimmer in direkter Nachbarschaft zum Elternschlafzimmer befindet.

Hat Ihr Kind allerdings das Teenageralter erreicht, müssen Sie sich über die Lage des Kinder-, oder besser Jugendzimmers, keine großen Gedanken mehr machen. Wenn dies räumlich möglich ist, ist es allerdings besser, das Jugendzimmer weiter vom Elternschlafzimmer entfernt anzulegen, was dem nun größeren Wunsch nach Privatsphäre Rechnung trägt.

Je kleiner die Kinder sind, desto wichtiger ist es, dass sich ihr Zimmer in der Nähe des Elternschlafzimmers befindet.

Belastbarkeit und Sicherheit von Kindermöbeln

Kindermöbel sind ganz besonderen Anforderungen ausgesetzt: Vor allem Kindern im Kindergarten- und beginnenden Schulalter dienen ihre Möbel nicht nur dem vorgesehenen Zweck, sondern werden gleichzeitig oft auch als Spielgeräte genutzt. So werden Betten gern zum Trampolin umfunktioniert und aus der kleinen Kommode in der Ecke wird der „Mount Everest", der in einer „abenteuerlichen Expedition" bezwungen werden will.

Auch diesen zusätzlichen Belastungen sollten Kinderzimmermöbel standhalten können. Sie müssen also auf jeden Fall äußerst stabil, gut verarbeitet und funktional sein. Abgerundete Ecken und ein sicherer Stand, um Verletzungsrisiken beim Spielen und Toben möglichst gering zu halten, sollten hier zum Sicherheitsstandard gehören. Achten Sie beim Kauf von Schrank, Kommode und Schreibtisch z. B. auch darauf, dass

Kinder neigen oft dazu, ihre Möbel zu Spielgeräten umzufunktionieren. Daher sollten die Möbel besonders stabil und belastbar sein.

EXPERTEN-TIPP

Kindermeinung berücksichtigen

Bei der Einrichtung des Kinderzimmers sollten Sie möglichst die individuellen Wünsche Ihres Kindes berücksichtigen. Nach einer Befragung, die die Sozialwissenschaftlerin Renate Gehrke-Riedlin (Das Kinderzimmer im deutschsprachigen Raum; Göttingen; 2002) zu dem Thema durchführte, bevorzugten die befragten Kinder überwiegend warme, helle Räume mit freier Spiel- (später Sitz- und Liege-)fläche. Da Kinder sich viele Spielsachen wünschen, sollten genügend Regale und Schränke zum Verstauen der Sachen vorhanden sein. Ab dem Schulalter suchen Kinder ihre Spielsachen sowie Tapeten und Poster zusammen mit den Eltern aus.

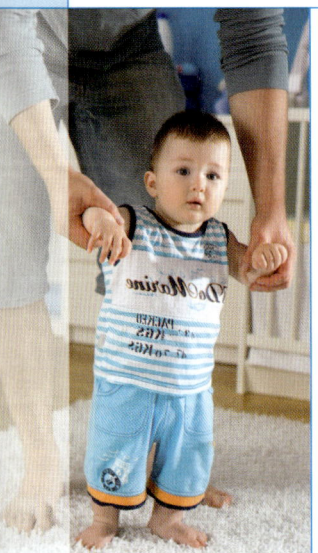

Kinder, die anfangen das Laufen zu lernen, brauchen vor allem eins: viel Platz. Daher sollten sich in ihrem Zimmer nur die nötigsten Möbel befinden.

Bis zum Kindergartenalter genügt eine Grundausstattung mit Schlaf- und Sitzgelegenheit, weitere Möbel können im Lauf der Zeit dazugekauft werden.

sich Schubladen nicht ganz herausziehen lassen, damit sie Ihrem Kind nicht auf die Füße fallen, wenn es die Schublade aus Versehen allzu hastig und zu weit herauszieht.

Altersgerechte Möblierung

Manche Eltern sind aus Kostengründen bemüht, schon früh ein Kinderzimmer einzurichten, das auch noch nutzbar ist, wenn das Kind älter wird. Davon abgesehen, dass sich Mode und Geschmack – sowohl der Eltern als auch des Kindes – jedoch schnell ändern können, ist dies auch im Hinblick auf die altersabhängigen Bedürfnisse des Kindes nicht immer sinnvoll. So ist es z. B. nur wenig zweckmäßig, schon für kleine Kinder, die viel Platz zum Laufenlernen und später Spielen und Toben brauchen, eine Sitzecke mit Sofa, Sessel und einem Couchtisch anzuschaffen. Die altersgerechte und daher im Lauf eines Kinderlebens wechselnde Kinderzimmerausstattung muss hierbei nicht immer auch gleichzeitig teuer sein: Als Grundausstattung für einen gerade geborenen Säugling reichen z. B. auch eine Wickelkommode und ein Babybett vollkommen aus, ein schöner Spielteppich und vielleicht das eine oder andere Sitzkissen bieten später Kindergartenkindern viel freien Raum und Gelegenheiten zum Spielen und Herumtoben. Eine solche, von einigen Eltern vielleicht als spartanisch empfundene Möblierung muss nicht immer auch gleichbedeutend mit einer ungemütlichen oder sterilen Atmosphäre sein. Oft können Kinder, die räumlich mehr Freiraum haben, auch geistig ihre Fantasie viel kreativer entfalten als Kinder, deren Zimmer regelrecht erdrückend „zugestellt" sind.

Zudem ist es einfacher und preisgünstiger, im Lauf der Zeit und je nach Bedarf weitere Möbel anzuschaffen,

Bei Schulkindern ist ein ausreichend beleuchteter und ergonomischer Schreibtisch und ein Regal, das viel Ablagefläche für Bücher bietet, wichtig.

als z. B. im Lauf der Entwicklung des Kindes eine Vielzahl nicht mehr benötigter Einrichtungsgegenstände entsorgen zu müssen. Unter diesem Aspekt ist es schließlich durchaus empfehlenswert, sogenannte „mitwachsende" Möbel zu verwenden, also solche Möbelstücke, die Sie mit wenigen Handgriffen dem Alter Ihres Kindes entsprechend umbauen können. So wird aus einer Wickelkommode z. B. durch Abnehmen des Oberteils eine Wäsche- oder Spielzeugkommode; oft lassen sich die Gitter von einem ausreichend großen und tief liegenden Gitterbettchen entfernen und das Bett ist auch für Kleinkinder noch geeignet, die schon selbstständig ins Bett steigen können, oder die Höhe eines Schreibtischs ist nach oben hin verstellbar, sodass dieser sowohl vom Schulanfänger als auch später noch vom größeren Schulkind genutzt werden kann.

Kinderfreundliche Einrichtung und Ausstattung

Nach den einleitenden allgemeinen Gedanken zum Thema „Möblierung und Einrichtung eines Kinderzimmers" soll sich der Blick nun auf einige spezielle

So praktisch die Höhe für das bequeme Wickeln des Kindes auch ist, so gefährlich sind Stürze von der Wickelkommode.

Möbel richten, die in keinem Kinderzimmer fehlen dürfen. Hierbei muss berücksichtigt werden, dass die Art der Möblierung vom Alter des Kindes abhängig ist und sich daher im Lauf seines Lebens ändert, sodass einige Möbelstücke wie z. B. die Wickelkommode mit der Zeit aus dem Kinderzimmer weichen und neuen Möblierungsanforderungen wie z. B. einem Schreibtisch Platz machen.

Wickelkommode

Achten Sie beim Kauf einer Wickelkommode auf jeden Fall darauf, dass das Möbelstück der DIN EN 12221-1 und -2 entspricht. Zudem sollte sie sicher stehen und nicht umfallen können. Verankern Sie die Kommode im Zweifelsfall zusätzlich an der Wand, damit das Kippen verhindert wird. Aber auch eine sicher stehende Wickelkommode garantiert noch keine Unfallfreiheit. Daher sollten Babys niemals auch nur eine Sekunde allein auf der Wickelkommode oder auf anderen erhöhten Flächen wie z. B. einem Sofa oder Sessel gelassen werden. Auch die Kleinsten können sich schon bald – früher als man oft denkt – plötzlich und unverhofft heftig bewegen, was zu bösen Stürzen führen kann, wenn die Eltern nicht aufmerksam sind. Halten Sie daher bei allen Tätigkeiten, die Sie an der Wickelkommode zu erledigen haben, immer eine Hand am Kind. Hierbei hat es sich auch als hilfreich erwiesen, alle zum Wickeln benötigten Utensilien in unmittelbarer Nähe der Wickelkommode aufzubewahren, sodass Sie sie problemlos mit einer Hand erreichen können.

Babywippe

Auch bei Babywippen sollten Sie unbedingt Vorsicht walten lassen. Stellen Sie diese nie auf erhöhten Flächen ab, um auch hier Abstürze durch plötzliche

Bewegungen des Babys zu vermeiden. Viele Mediziner raten dazu, kleine Kinder nicht allzu lange in einer Babywippe liegen zu lassen, weil in ihnen die Rücken- und Nackenmuskulatur zu sehr gestreckt wird. Beim Kauf einer derartigen Wippe gilt, was Sie auf jeden Fall immer beim Kauf von Kindermöbeln oder -spielsachen berücksichtigen sollten: Achten Sie darauf, dass die Artikel gut verarbeitet und auf ihre Sicherheit hin geprüft worden sind (mehr dazu ab Seite 107). Beim Kauf können Sie sich an der DIN EN 12790 für Kinderliegesitze orientieren.

Kinderbett

Auf die Auswahl eines Kinderbetts sollten Sie besondere Sorgfalt verwenden. So sollte es mindestens eine Größe von 70 x 41 cm aufweisen. In dieser Standardgröße sind auch gute Matratzen für Kinderbetten erhältlich. Vor dem Kauf des Kinderbetts sollten Sie prüfen, ob das Möbelstück stabil und rüttelfest ist. Darüber hinaus darf es keine scharfen Ecken und Kanten oder überstehende Schrauben aufweisen, an denen sich Ihr Kind verletzen könnte. Ein gutes Kinderbett entspricht zudem der DIN EN 716-1 und -2. Kinderbetten sind an der Seite mit Gitterstäben versehen, die verhindern, dass das Kind im Schlaf aus dem Bett fällt. Besonders praktisch sind Modelle, deren Böden sich in der Höhe verstellen lassen. So können Sie das Bett je nach Entwicklungsphase Ihres Kindes individuell verstellen. Dabei sollten Sie aber darauf achten, dass der Abstand zwischen dem Bettboden und der Oberkante des Gitters in der untersten Position mindestens 60 cm betragen sollte. So können Sie das Überklettern des Gitters verhindern. In der obersten Position sollte dieser Abstand immer noch mindestens 30 cm zur Oberkante des Gitters betragen, damit das

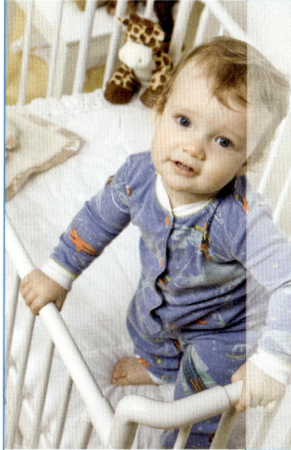

Da kleine Kinder im Kinderbett gerne herumturnen, sollte es möglichst stabil und standfest sein, und auch ein Überklettern des Gitters sollte nicht möglich sein.

Die Gitterstäbe des Kinderbetts sollten nicht mehr als 4,5 bis 6,5 cm auseinanderliegen, damit sich das Kind beim Versuch, sich hindurchzuzwängen, nicht verletzen kann.

Kind nachts nicht aus dem Bett herausrollen kann. Auch den Gittern selbst sollten Sie beim Kauf des Kinderbetts einige Aufmerksamkeit schenken. Der Abstand der Gitterstäbe sollte nicht mehr als 4,5 bis 6,5 cm betragen. So können Sie verhindern, dass Ihr Kind seinen Kopf oder Körper zwischen den einzelnen Gitterstäben hindurchzwängen und sich dabei verletzen kann. Viele Gitter bieten die Möglichkeit, zwei Stäbe zu entfernen, damit Ihr Kind später selbstständig in das Bett hinein- und aus dem Bett wieder herausklettern kann.

Lattenrost und Matratze

Auf den Lattenrost und die Matratze kommen besondere Belastungen zu, sobald die Kleinsten etwas wachsen und das Springen entdecken. Achten Sie daher auf einen stabilen Lattenrost, dessen Latten in einem Abstand von maximal 6 cm montiert sind.

EXPERTEN-TIPP

Gute Kindermatratzen

Die Stiftung Warentest hat Anfang 2007 Kindermatratzen getestet. Die Anforderungen waren hierbei, dass die Matratzen nicht zu hart, aber auch nicht zu weich sind, den Körper gut stützen und auch noch nach einer längeren Belastung stabil und elastisch bleiben sollten. Viele der getesteten Matratzen wurden diesen Ansprüchen gerecht, das Material spielte dabei keine entscheidende Rolle. Einige Matratzen setzten beim Öffnen der Verpackung allerdings Stoffe frei, die bei direkter Exposition krebserregend wirken können. Diese Stoffe verflogen zwar mit der Zeit, die Stiftung Warentest empfiehlt jedoch dringend, neue Matratzen mindestens einen Tag lang bei geöffnetem Fenster auslüften zu lassen.

Die Matratze sollte nicht zu weich sein, denn kleine Kinder schlafen tendenziell lieber auf härterem Untergrund. Oft werden bei Kinderbetten recht gute Matratzen mitgeliefert.

Hoch- oder Etagenbett

Für Hoch- und Etagenbetten gelten andere Normen als für normale Kinderbetten. Hier kommen die DIN EN 747-1 und -2 zur Anwendung. Diese Bettenarten sind bei Kindern zwar besonders beliebt, sie sind jedoch auch mit einem erhöhten Unfallrisiko behaftet. Das gilt besonders für Kleinkinder, die die Gefahr des Herunterstürzens noch nicht ausreichend einschätzen können und oftmals noch motorisch überfordert sind, wenn es darum geht, die Leiter zu benutzen. Geben Sie also dem eventuellen Wunsch Ihres Kindes nach einem Hoch- oder Etagenbett nicht zu früh nach, sondern warten Sie ab, bis es in der Lage ist, die Gefahren richtig einzuschätzen und die Leiter problemlos zu benutzen.

Achten Sie beim Kauf auf jeden Fall darauf, dass das Bett nicht aus Spanplatten, sondern aus Holz oder Metall besteht. Spanplatten sind für die Anforderungen, die an ein Hoch- oder Etagenbett gestellt werden, für gewöhnlich nicht stabil genug. Auch hier sollten Sie Stabilität und Standfestigkeit an einem Ausstellungsmodell prüfen. Sehen Sie sich auch die Höhe der Brüstung an. Normgemäß soll die Höhe zwischen der Oberkante der Matratze und der Oberkante der Brüstung mindestens 16 cm betragen. Experten empfehlen hier eine Höhe von 30 cm. Verwenden Sie auf jeden Fall die mitgelieferte Matratze, da andere Matratzen in ihrer Dicke die Höhe des Hoch- oder Etagenbettrands überschreiten könnten, was das Sturzrisiko erhöht. Auch sollte die Leiter fest mit dem Bettrand verbunden

Halten Sie Ihr Kind dazu an, auf dem Hoch- oder Etagenbett nicht zu toben und zu springen.

sein und über einen Handlauf verfügen. Der Abstand der Leitertritte ist optimal, wenn er zwischen 20 und 30 cm beträgt, der Abstand zwischen breiten Stufen sollte mindestens 30 cm groß sein, die Stufentiefe sollte nicht bei weniger als 9 cm liegen.

Darüber hinaus können Sie noch einige weitere Maßnahmen ergreifen, um das Hoch- oder Etagenbett möglichst kindersicher zu gestalten. So empfiehlt es sich auf jeden Fall, das Bett an der Wand zu befestigen, um ein Umfallen zu verhindern. Wenn Sie die Leiter mit einem Antirutschbelag ausstatten, gestaltet sich der Auf- und Abstieg für Ihr Kind deutlich sicherer. Vor dem Bett sollten Sie am besten einen weichen Untergrund auslegen, der Stürze, wenn sie doch einmal vorkommen sollten, ein wenig abfedert.

Lauflernhilfe

Das Prinzip der Lauflernhilfen ist immer ähnlich: Die Kinder hängen in einer Art Hosengurt, stoßen sich mit den Zehenspitzen vom Boden ab und sollen auf diese Weise angeblich schneller laufen lernen (siehe Expertentipp). Lauflernhilfen, oft auch unter den Namen „Gehfrei" oder „Babywalker" angepriesen, gehören jedoch eigentlich überhaupt nicht in einen siche-

> **Lauflernhilfen bestehen aus einem Gerüst mit Rollen, in dem die Kinder sich aufrecht stehend mit den Zehenspitzen vom Boden abstoßen können.**

◤ EXPERTEN-TIPP

Was bringen Lauflernhilfen wirklich?
Häufig wird behauptet, dass Kinder mit Lauflernhilfen schneller laufen lernen als gewöhnlich. Zahlreiche wissenschaftliche Untersuchungen belegen aber mittlerweile – abgesehen vom eklatanten Unfallrisiko – genau gegenteilige Effekte. Sollten Sie dennoch eine Lauflernhilfe für Ihr Kind verwenden wollen, sollte diese unbedingt die DIN EN 1273 erfüllen.

ren Haushalt: Nach Aussagen von Experten erleiden jährlich ungefähr 6.000 Kinder einen Unfall mit einer Lauflernhilfe. Betroffen sind hier vorwiegend Kinder in einem Alter zwischen sechs und zwölf Monaten. Häufig stürzen die Kinder dabei mit dem Gerät über Türschwellen, auf dem Boden liegende Gegenstände oder – schlimmer noch – Treppen hinunter. Dabei können sie sich schwere Schädelverletzungen zuziehen. Auch andere Unfälle wie Verbrühungen und Verbrennungen sowie Verletzungen durch herunterfallende Gegenstände kommen im Zusammenhang mit Lauflernhilfen überdurchschnittlich oft vor, da die Kinder durch die Lauflernhilfe auch an höher stehende Gegenstände herankommen.

Die Höhe eines Laufstalls sollte mindestens 60 cm betragen, damit sich das Kind nicht am Rand hochziehen und aus dem Laufstall stürzen kann.

Laufstall

Auch beim Kauf eines Laufstalls sollten Sie auf einige Dinge achten, damit es nicht zu Unfällen kommt. So sollte die Höhe des Laufstalls mindestens 60 cm betragen, damit sich das Kind nicht am Laufstallrand hochziehen und herausstürzen kann. Wenn Sie ein Modell mit Gitterstäben erstehen möchten, sollten die Stäbe nicht mehr als 4,5 bis 6,5 cm voneinander entfernt sein, damit sich das Kind nicht zwischen den Stäben einklemmen kann. Grundsätzlich sind Laufställe, die einen Boden haben, meist stabiler als solche ohne Boden. Ein Modell, bei dem der Boden in der Höhe verstellbar ist, erleichtert es Ihnen, Ihr Kind in den Laufstall zu setzen und wieder herauszuholen. Achten Sie darauf, dass die Einlage des Laufstallbodens reiß- und kratzfest sowie abwaschbar ist. Der Laufstall sollte keine scharfen Ecken oder Kanten aufweisen, das GS-Zeichen (siehe Seite 112) tragen und DIN EN 12227-1 und -2 entsprechen. Befolgen Sie beim Aufbau auf jeden Fall die Gebrauchsanweisung, um einen sicheren Stand zu gewährleisten. Legen Sie nicht zu viele Spielsachen in den Laufstall, da Ihr Kind diese ansonsten als „Kletterhilfe" benutzen und aus dem Laufstall hinausfallen könnte. Ein Laufstall sollte zudem auf keinen Fall ein längerfristiger oder gar ständiger Aufenthaltsort für ein Kind sein, weil durch ihn die kindliche Neugier und der kindliche Bewegungsdrang – beides ist für die gesunde Entwicklung Ihres Kindes sehr wichtig – zu sehr eingeschränkt werden.

Kinderhochstuhl

Sobald Ihr Kind sitzen kann, wird in ihm unweigerlich der Wunsch entstehen, mehr am Familienleben teilzunehmen. Dazu gehört es auch, mit Ihnen zusammen am Tisch zu sitzen und zu essen. Spätestens dann ist die Zeit gekommen, sich einen Kinderhochstuhl anzuschaffen. Hochstühle gibt es in verschiedenen Ausführungen. Schalensitze bestehen aus einer verstellbaren Plastiksitzschale, die auf einem zusammenklappbaren Gestell befestigt ist. Tisch-Stuhl-Kombinationen setzen sich aus Elementen zusammen, die Sie entweder als Hochstuhl oder als kleinen Tisch mit passendem Stuhl nebeneinander verwenden können. Dies ist ein sehr praktisches Möbelstück, da Ihr Kind es auch gern zum Spielen verwenden wird. Mitwachsende Stühle, sogenannte Treppenstühle oder auch Triptraps, sind in der Sitztiefe und der Beinlänge entsprechend der Größe des Kindes verstellbar.

Achten Sie beim Kauf eines Hochstuhls auf eine breite Standfläche, die für mehr Standsicherheit sorgt. Auch sollte die

Bei Hochstühlen für Kinder gibt es verschiedene Modelle. Alle derartigen Stühle sollten bestimmte sicherheitstechnische Kriterien erfüllen.

Rückenlehne hoch genug sein, damit Ihr Kind nicht nach hinten kippen kann. Ein Hochstuhl sollte zudem über Gurte verfügen. Idealerweise sind Sitztiefe und Fußstützenlänge verstellbar. Dann können Sie den Hochstuhl problemlos auf die Körpermaße Ihres Kindes einstellen. Für besonders zierliche Kinder gibt es Sitzverkleinerer. Überhaupt sollte es beim Kauf eines Hochstuhls selbstverständlich sein, ihn genau auf die Bedürfnisse des Kindes abzustimmen. Nehmen Sie also am besten das Kind zum Kauf mit.

Wenn der Hochstuhl, den Sie für geeignet erachten, DIN EN 14988-1 und -2 entspricht, können Sie davon ausgehen, ein sicheres Modell zu erstehen.

Dennoch müssen Sie einige Dinge beachten, damit es nicht zu Unfällen und Verletzungen kommt. Besonders in den folgenden drei Situationen kann es brenzlig werden: Wenn Ihr Kind sich beispielsweise im Hochstuhl aufrichtet und beginnt, auf dem Möbelstück herumzuturnen, besteht für das Kind die akute Gefahr, herunterzufallen. Da Kinder auf einem Hochstuhl sitzend mit den Füßen bequem die Tischplatte erreichen können, ist weiterhin die Gefahr gegeben, dass sich das Kind hierbei mit den Füßen von der Tischplatte abstößt. Dabei kann der Stuhl schnell umkippen. Schließlich passiert es auch immer wieder, dass Kinder beide Beine durch eine Öffnung des Gurtsystems stecken, herunterrutschen und dann häufig in einer sehr unbequemen und nicht selten auch schmerzhaften Lage hängen bleiben.

Solche Unfälle passieren schneller, als Sie denken und oft auch schneller, als Sie reagieren können. Daher empfiehlt es sich, dass Sie immer in Griffnähe sitzen und auf diese Weise im Notfall schnell rettend eingreifen können. Ihr Kind sollte zudem niemals unbeaufsichtigt in einem Hochstuhl sitzen.

Kinder sollten nie unbeaufsichtigt im Hochstuhl sitzen, da sich hier verschiedene Unfallrisiken verbergen.

Spielsachen

Der Spielwarenmarkt ist so unübersichtlich, dass es an dieser Stelle zu weit führen würde, jedes erhältliche Spielzeug genau nach Sicherheitsaspekten zu betrachten. Einige allgemeine Hinweise zum Kauf und zur Benutzung von Spielwaren sind indes ebenso möglich wie wichtig.

Sehen Sie sich ein neues Spielzeug vor dem Kauf grundsätzlich zunächst einmal kritisch an und prüfen Sie es auf seine Sicherheit. Dabei sollten Sie vor allem auf folgende Gesichtspunkte achten:

- Prüfen Sie, ob keine scharfen oder spitzen Ecken und Kanten vorhanden sind.
- Achten Sie darauf, dass es keine Stellen gibt, an denen sich Kinder einklemmen oder quetschen können. Dies kann vor allem bei klappbaren Teilen der Fall sein.
- Spielwaren sollten aus robusten und möglichst nicht entflammbaren Materialien bestehen. Hierbei sollte jedoch die Freiheit von Schadstoffen an erster Stelle stehen (siehe Seite 110).

Eltern sollten sich Spielzeug vor dem Kauf sehr genau ansehen und es auf Sicherheitsaspekte prüfen.

EXPERTEN-TIPP

Faustregel für die Spielzeuggröße

Nicht immer finden sich auf Spielwaren Hinweise zum empfohlenen Alter. Zudem werden Sie sicherlich bisweilen auch gebrauchtes Spielzeug geschenkt bekommen oder auf dem Flohmarkt kaufen und auch hier gibt es für gewöhnlich keine Altershinweise mehr. Wenn Sie dennoch sicher sein wollen, dass ein Spielzeug keine Gefahr für Ihr kleines Kind birgt, können Sie sich an folgende Faustregel halten: Kinder unter drei Jahren sollten nicht mit Spielzeug spielen, das kleiner als ein Tennisball ist.

- Prüfen Sie die Stabilität und Kippsicherheit von größeren Spielwaren, die zum Daraufsitzen dienen, wie z. B. Dreiräder oder Schaukelpferde.
- Spielsachen aus weichem Plastik (z. B. Gummienten) sollten Sie durch Geruchsprüfung kritisch auf giftige Weichmacher untersuchen; im Zweifelsfall befragen Sie dazu den Händler.
- Achten Sie bei Spielzeug mit Farbüberzug (wie z. B. lackierten Holzbausteinen) auf Hinweise zur Speichel- und Schweißsicherheit.
- Achten Sie besonders bei Spielsachen, die im Inneren Kleinteile enthalten (wie etwa Rasseln), auf eine gute Verarbeitung.
- Es empfiehlt sich auch, Spielsachen regelmäßig auf Beschädigungen hin zu kontrollieren und gegebenenfalls aus dem Verkehr zu ziehen.
- Achten Sie darauf, dass Batterien für Elektrospielzeug nicht zu klein sind. Auf Knopfzellen sollten Sie dabei besser verzichten. Bei Kindern unter fünf Jahren ist es auch ratsam, kein Spielzeug mit Netzteilen zu kaufen.
- Spielwaren sollten ein Sicherheitszeichen wie das GS-Zeichen tragen und elektrische Geräte das VDE-Gütesiegel aufweisen. Die CE-Kennzeichnung muss laut Spielzeugrichtlinie auf jedem Spielzeug vorhanden sein (mehr zu Gütesiegeln und Prüfzeichen ab Seite 112 f.).

Viele Spielzeuge tragen altersgruppenspezifische Warnhinweise wie „Nicht für Kinder unter drei Jahren geeignet: verschluckbare Kleinteile". Nehmen Sie derartige Hinweise auf jeden Fall ernst. Für jede Altersgruppe befinden sich Spielwaren in ausreichendem Umfang auf dem Markt, sodass Sie für kleine Kinder auf keinen Fall auf ungeeignetes Spielzeug zurückgreifen müssen.

Bei Spielwaren sind Schadstofffreiheit, Stabilität, eine gute Verarbeitung und die altersentsprechende Größe wichtig.

Neben möglichst sicheren Möbeln und Spielsachen ist auch die Ordnung wichtig. Auf diese Weise lässt es sich vermeiden, dass herumliegendes Spielzeug zu einer Stolperfalle wird.

Sicherheitsmaßnahmen

Nun ist das Zimmer für Ihren Nachwuchs also möbliert und auch einige schöne und sichere Spielsachen sind vorhanden. Im Hinblick auf die Sicherheit sollten Sie bei der Ausstattung des Zimmers neben den in anderen Kapiteln dieses Ratgebers bereits erwähnten (siehe z. B. die Punkte Steckdosen- und Kabelsicherung auf Seite 41 f.) allerdings noch einige weitere Aspekte beachten.

Fenstersicherung

Eine Fenstersicherung, die verhindert, dass Ihr Kind beim Spielen das Fenster komplett öffnen und schlimmstenfalls in die Tiefe stürzen kann, ist eine sinnvolle Anschaffung für das Kinderzimmer. Hier haben sich beispielsweise abschließbare Fenstergriffe als nützlich erwiesen. Diese Sicherungen bieten jedoch keinen ausreichenden Schutz gegen Einbrüche. Andere Systeme arbeiten mit Riegeln, die dafür sorgen, dass Kinder die Fenster nicht vollständig öffnen können. Sie sind durchaus vergleichbar mit den Systemen, mit denen sich Schranktüren sichern lassen (siehe Seite 38). Diese Sicherungen haben zudem den zusätzlichen Vorteil, dass sie auch das unbefugte Schließen des Fensters verhindern, sodass sich das Kind hierbei nicht versehentlich die Finger einklemmen kann.

Aufräumen beseitigt Stolperfallen

Uneinigkeit über das Thema „Aufräumen" sind der häufigste Grund, warum in Familien immer wieder einmal der Haussegen zwischen Eltern und ihren Kindern schief hängt. Auf der einen Seite ist es klar, dass die Kleinen spielen und sich austoben müssen, wobei es auch oft einmal zu einem gehörigen Chaos im Zimmer kommt. Auf der anderen Seite sollte es aber auch klar sein, dass dieses Chaos anschließend wieder beseitigt werden muss. Sind die Kinder alt genug, sollten sie diese Aufgabe auch regelmäßig selbst übernehmen – nicht, weil Mama und Papa es aufgeräumt gemütlicher finden, sondern weil herumliegende Gegenstände schnell zu gefährlichen Stolperfallen werden können, und Ihr Kind ohne solche Hindernisse viel besser die nächste Spielrunde einläuten kann. Außerdem kann man Spielzeug, das nicht sorglos auf dem Boden herumliegt, auch nicht versehentlich zertreten. Sie werden hier jedoch viel Geduld haben und einige Überzeugungsarbeit leisten müssen, bis Ihr Kind die Pflicht, regelmäßig aufzuräumen, akzeptiert.

> Fenstersicherungen sorgen auch dafür, dass das Kind sich beim Fensterschließen nicht die Finger einklemmen kann.

EXPERTEN-TIPP

Schutzkappen für die Möbel

Beim Herumtoben können sich Kinder besonders an Möbelecken und -kanten, Fensterbänken und Heizkörpern verletzen. Daher empfiehlt es sich, diese Gegenstände abzupolstern. Hierzu sind im Handel diverse Schutzkappen und -schienen erhältlich, die sich einfach montieren lassen.

Ergonomische Möbel

Da Kinder noch im Wachstum begriffen sind, ist es in dieser Phase besonders wichtig, darauf zu achten, dass bei ihnen keine Haltungsschäden entstehen, die zu bleibenden Beschwerden wie z. B. Rückenleiden führen könnten. Die Auswahl der richtigen Möbel im Kinderzimmer spielt hierbei eine wichtige Rolle.

Was ist Ergonomie?

Kindermöbel sollten ergonomischen Kriterien entsprechen, da sonst in der Wachstumsphase schnell Haltungsschäden entstehen können.

Das Zauberwort bei der Auswahl möglichst größengerechter und eine gesunde Haltung fördernder Möbel heißt Ergonomie. Das Wort „Ergonomie" wurde erstmals 1857 vom polnischen Biologen Wojciech Jastrzebowski verwendet. Unter ergonomischen Gesichtspunkten sollte der Arbeitsplatz und das Arbeitsumfeld jedes Menschen optimal an ihn und seine Bedürfnisse angepasst sein. Hier spielt es zunächst einmal keine große Rolle, ob es sich dabei um einen Erwachsenen, einen Jugendlichen oder ein Kind handelt.

Ein ergonomisch sinnvoll angelegter Arbeitsplatz hilft, Leiden wie Verspannungen im Schulter- und Nackenbereich, Rücken- und Kopfschmerzen zu vermeiden. Dies wiederum trägt zu einem deutlich gesteigerten allgemeinen Wohlbefinden bei.

Die Höhe von Schreibtisch und Bürostuhl

Körpergröße	Schreibtischhöhe	Sitzhöhe
93 – 116	43	26
108 – 121	53	31
119 – 142	59	35
133 – 159	64	38
146 – 177	71	43
159 – 188	76	46
174 – 207	80	51

Der ergonomische Kinderarbeitsplatz

Für die Ergonomie am Arbeitsplatz Ihres Kindes kommt es vor allem auf das richtige Zusammenpassen von Schreibtisch und Schreibtischstuhl an. Um ein bequemes Arbeiten zu ermöglichen, sind die richtige Körperhaltung und der richtige Winkel von Ober- und Unterschenkel sowie Ober- und Unterarmen von größtem Interesse.

Wenn Ihr Kind am Schreibtisch sitzt, sollte es seine Füße bequem ganzflächig auf dem Fußboden abstellen können. Die Sitzhöhe ist dann optimal eingestellt, wenn der Winkel zwischen Ober- und Unterschenkeln 90° beträgt. Die Rückenlehne sollte leicht nach hinten geneigt sein, der Winkel, den Oberschenkel und Rücken bilden, ist mit 105° (± 10°) optimal gewählt. Bei der Schreibtischhöhe können Sie sich an nebenstehender Tabelle orientieren.

Außerdem sollte die Tischplatte sich neigen lassen können. Die Neigung sollte mindestens 16° betragen. So ist ein bequemes Arbeiten gewährleistet. Damit die Hefte, Blöcke und Bücher bei der Erledigung der Hausaufgaben nicht herunterrutschen, sollte die Platte an ihrem Rand eine Halterung besitzen. Die aufgestellte Tischplatte muss gut fixiert sein, damit sie nicht plötzlich während der Arbeit herunterfällt. Außerdem sollte der Mechanismus einfach zu bedienen sein, ohne dass Ihr Kind sich dabei die Finger quetscht.

Zu einem ergonomisch sinnvoll eingerichteten Arbeitsplatz für Ihr Kind zählen aber nicht nur der Tisch und der Schreibtischstuhl, sondern auch eine vernünftige Beleuchtung. Die Lampe darf nicht blenden und muss so angebracht sein, dass das Kind am Platz, wo es beim Arbeiten sitzt, keinen Schatten auf seine Hefte und Bücher wirft. Die Beleuchtung von Arbeitsplätzen sollte DIN 5035-7 und -8 entsprechend gestaltet sein.

Wenn das Kind beginnt, am Computer zu arbeiten, sollte es den Kopf nicht mehr als 30° nach unten neigen müssen, um bequem auf die Tastatur blicken zu können.

Nicht kindgerechte, z. B. gewaltbeinhaltende Sendungen im Abendprogramm können bei Kindern Albträume und Ängste verursachen.

Sinnvoller Fernsehkonsum

Heutzutage gibt es neben zahlreichen anderen Medien eine geradezu unüberschaubare Menge an Fernsehprogrammen, die Kindern wie Erwachsenen die Auswahl oft schwer macht. Hierbei erlangt ein Aspekt der Kindererziehung zunehmende Bedeutung: die Medienkompetenz.

Kinder von heute müssen in puncto Medien an die Hand genommen werden und erst noch lernen, mit der riesigen Informationsflut umzugehen. Eltern haben dabei auch die Aufgabe, diesen Informationsfluss zu kanalisieren und bestimmte Angebote, die für Kinder nicht geeignet sind, herauszufiltern.

Wie viel Fernsehen in welchem Alter?

Zunächst einmal ist festzuhalten, dass Kinder auch den richtigen Umgang mit dem Fernsehen lernen müssen. Demnach ist ein generelles Fernsehverbot nicht unbedingt nützlich. Besser ist es auf jeden Fall, Kinder in kleinen Dosen an das Medium Fernsehen und den Umgang mit ihm heranzuführen. Experten empfehlen als Richtlinien für den Fernsehkonsum folgende Zeiten:

- Für Kinder unter drei Jahren ist Fernsehen grundsätzlich nicht nötig und sinnvoll.
- Vier- bis Sechsjährige sollten höchstens bis zu 30 Minuten am Tag fernsehen – am besten zusammen mit einem Erwachsenen.
- Für Kinder zwischen sechs und neun Jahren empfehlen die Experten einen wöchentlichen Fernsehkonsum von ungefähr fünf Stunden.
- In einem Alter von 10 bis 13 Jahren übernehmen Kinder immer mehr eigene Verantwortung, das gilt auch für das Fernsehverhalten. Daher geben die

Experten für dieses Alter keine exakte Empfehlung.
Hier sind aber auf jeden Fall auch die Eltern in der
Pflicht zu entscheiden, was und wie viel gesehen
wird. Mehr als 90 Minuten täglich sollten es auch in
diesem Alter nicht sein.

Pädagogisch wertvolles Fernsehen

Nicht nur darauf, wie lange Ihr Kind vor dem Fernseher sitzt, sondern auch darauf, welche Programme es
sich anschaut, kommt es an. Es ist nicht immer leicht,
„gutes" von „schlechtem" Fernsehen zu unterscheiden,
zumal Kinder oft einen komplett anderen Geschmack
haben als ihre Eltern – und das Programm muss
schließlich den Kindern gefallen.

Aber einige Grundsätze können Sie durchaus bei der
Auswahl des für Ihr Kind geeigneten Programms be-
rücksichtigen: Wählen Sie bei kleineren Kindern solche
Sendungen, die möglichst kindgerecht sind, also im
Kinderkanal laufen und nicht solche, die eigentlich für
Erwachsene bestimmt sind. Vor allem das öffentlich-
rechtliche Fernsehen sendet hier viele kindgerechte
Dokumentationen und Kinderserien.

Dürfen sich Kinder hingegen „ausnahmsweise", etwa
zur Belohnung für gutes Betragen, auch mal den span-
nenden Krimi in der Hauptsendezeit anschauen, tun
Eltern ihren Kindern damit – entgegen dem beabsich-
tigten Zweck – hingegen keinen Gefallen. Besonders
realistisch dargestellte Gewalt löst bei Kindern ver-
stärkt Ängste aus und ist daher nichts für sie. Selbst
die normalen Fernsehnachrichten sollten Sie daher
aus dem alltäglichen Fernsehverhalten kleinerer Kinder lieber ausklammern. Hier gibt es im öffentlich-
rechtlichen Fernsehen kindgerechte Nachrichtensen-
dungen, sodass auch die Kleinen auf die aktuellen Infos
nicht verzichten müssen.

Vor allem kleinere Kinder sollten nur Sendungen sehen, die auch speziell für Kinder konzipiert sind.

Tipps zum Fernsehen in der Familie

Das Bundesministerium für Familie, Senioren, Frauen und Jugend hat in einer Broschüre Tipps für das Fernsehen in der Familie zusammengefasst – hier die wichtigsten Punkte:

- „Besprechen Sie gemeinsam mit den Kindern, was, wann und wie lange gesehen werden kann.
- Machen Sie den Fernseher nicht zum Zentrum Ihres Familienlebens und lassen ihn nicht einfach so nebenbei laufen. (...)
- Interessieren Sie sich als Eltern für die Medienvorlieben, also auch für die Fernsehserien etc. Ihrer Kinder. (...) Respektieren Sie den eventuell anderen Mediengeschmack Ihres Kindes.
- Verzichten Sie möglichst auf einen Fernseher im Kinderzimmer. Sollte Ihr Kind doch über ein Gerät verfügen, dann besprechen Sie genau, was, wann und wie lange gesehen werden darf. (...)
- Sollte Ihr Kind sich übermäßig intensiv dem Fernsehen zuwenden (wiederholt täglich mehr als zwei Stunden), dann suchen Sie gemeinsam nach Alternativen. Fördern Sie die nonmedialen Interessen Ihres Kindes (Sport, Kreativität, Lesen, Haustier). (...)"

> Achten Sie darauf, welche Sendungen sich Ihr Kind anschaut. Lassen Sie den Fernseher nicht nebenher laufen und besprechen Sie mit Ihrem Kind, was, wann und wie lange angeschaut werden darf.

EXPERTEN-TIPP

Fernsehen keine große Bedeutung zumessen

Wenn die Eltern dem Fernsehen selbst keine zu große Beachtung schenken, werden auch ihre Kinder die Flimmerkiste nicht als etwas allzu Besonderes ansehen. Setzen Sie daher zudem das Fernsehen auf keinen Fall aus erzieherischen Gründen zur Belohnung oder Bestrafung ein! Denn genau das würde seine Bedeutung unnötig erhöhen. Und denken Sie daran: Auch beim Fernsehkonsum sind die Eltern die großen Vorbilder ihrer Kinder.

Sicher unterwegs im Internet

Zweifellos bietet das Internet faszinierende Möglichkeiten der Kommunikation. In Sekundenschnelle lassen sich Verbindungen zu Menschen am anderen Ende der Welt herstellen. Jede erdenkliche Art von Information und Unterhaltung wird hier zur Verfügung gestellt. Im heutigen Internetdschungel lässt sich jedoch oft kaum noch der Überblick wahren. Daher ist es wichtig, dass gerade Kinder den richtigen und verantwortungsbewussten Umgang mit dem Internet erlernen.

Wie viel Internet in welchem Alter?

Auch im Internet sollten Kinder nicht zeitlich unbegrenzt surfen können. Daher haben Experten auch für den Gebrauch des Internets Empfehlungen herausgegeben:

- Fünf- bis siebenjährige Kinder sollten nicht länger als 20 Minuten täglich vor dem Computer sitzen.
- Bei sieben- bis zehnjährigen Kindern kann diese Zeitspanne bis auf 45 Minuten ausgedehnt werden.
- Bei älteren Kindern empfiehlt es sich, nicht mehr eine tägliche Surfzeit auszumachen, sondern beispielsweise ein wöchentliches Stundenkonto. Das könnte so aussehen, dass sie pro Woche ca. acht Stunden im Netz unterwegs sein dürfen und sich diese Zeit selbst sinnvoll einteilen können. Je älter die Kinder werden, desto länger wird die wöchentliche Zeit im Netz, bis eine Beschränkung nicht mehr nötig ist, da Jugendliche bis dahin selbst in der Lage sein müssten, ihre Internetnutzung entsprechend zu kontrollieren.

Zudem sollten Sie mit Ihrem Kind über den „Kostenfaktor Internet" sprechen. Surfen im Netz kostet Geld, selbst wenn eine Flatrate vorhanden ist. Daher sollte Ihr Kind verantwortungsvoll mit der Surfzeit umgehen.

Kinder sollten nicht zeitlich unbegrenzt im Internet surfen. Je nach Altersstufe gibt es Empfehlungen zur täglichen Surfzeit.

Internetseiten mit kindergefährdenden Inhalten

Vor Internetseiten mit kindergefährdenden Inhalten sollten Sie Ihr Kind auf jeden Fall schützen. Dies lässt sich recht einfach mit einer entsprechenden Kinderschutzsoftware bewerkstelligen, die Sie auf dem Computer installieren können, den Ihr Kind nutzt. Mit dieser Sicherheitssoftware wird Kindern der Zugriff auf für sie ungeeignete Internetseiten verweigert. So können sie beim Surfen auch nicht aus Versehen an gefährdende Inhalte geraten.

Es sind eine ganze Reihe von Programmen erhältlich, die das Surfen im Internet für Ihr Kind sicherer gestalten. Ein gutes Programm sollte folgende Funktionen beinhalten:

Kindersicherheitssoftware für das Internet sollte Anforderungen wie das Festlegen von Zeitlimits, eine Zensurliste, eine Protokolldatei und die Definition von unerwünschten Inhalten erfüllen.

- Festlegen von Computer-Zeitlimits, entweder täglich oder pro Wochentag,
- zeitliche Einschränkungen, für jede EXE-Datei getrennt festlegbar,
- Zensurliste – Sie legen genau fest, welche Programme Ihr Kind bedienen darf,
- Protokolldatei, das heißt, es wird protokolliert, wer wie lange vor dem PC sitzt.
- Festlegen von Internet-Zeitlimits, pro Tag oder pro Woche,
- Definieren von unerwünschten Inhalten anhand von Stichwörtern,
- Sperren der wichtigsten Systemeinstellungen, damit Kinder z. B. Einstellungen zur Internetsicherheit nicht ändern können.
- Cracksicherheit, sodass auch technisch begabte Kinder die Sicherheitssperren nicht umgehen können.

Selbstdarstellung im Internet

Nicht nur problematische Inhalte können zur Gefahr werden, sondern auch die Möglichkeit, sich selbst im

Softwareprogramme zum Kinderschutz und kindgerechte Internetseiten sorgen für ein sorgenfreies Surfvergnügen.

Internet darzustellen. Dies geschieht vor allem im Rahmen sogenannter sozialer Netzwerke wie SchülerVZ, Schülerprofile.de oder Spickmich. Hierbei sollten Sie mit Ihrem Kind genau besprechen, welche Informationen zur öffentlichen Preisgabe geeignet sind und welche besser geheim bleiben sollten. So sollten z. B. die genaue Adresse, Telefon- bzw. Handynummern, aber auch Passwörter nie im Internet veröffentlicht werden. Es ist hierbei auch sehr anzuraten, statt dem realen Namen einen Nickname zu verwenden, der keine Rückschlüsse auf die wahre Identität des Kindes zulässt sowie – wenn überhaupt nötig – eine anonyme E-Mail-Adresse zu nutzen. Ihre Kinder sollten sich ferner darüber bewusst sein, dass alles, was sie einmal im Internet veröffentlicht haben, nicht mehr so leicht entfernt werden kann. Hier kann die Devise also nur lauten: Erst nachdenken, bevor man persönliche Angaben bzw. Dateien mit persönlichen Inhalten (Fotos, Videos) veröffentlicht. Auch Internet-Chats erfreuen sich bei Jugendlichen großer Beliebtheit. Hier sollte Ihr Kind seine wahre Identität ebenfalls nicht leichtfertig offenlegen. Zudem sollten Sie auch Treffen mit Internetbekanntschaften

Machen Sie Ihrem Kind bewusst, dass es keine privaten Informationen im Internet veröffentlichen sollte.

verbieten, denn oft geben sich Pädophile in Chats als gleichaltrige Kinder aus, um Kinder auf diese Weise zu einem Treffen zu überreden. In diesem Zusammenhang kommt es auch immer wieder vor, dass es bei Internet-Chats zu Annährungsversuchen sexueller Art kommt, etwa indem Kinder von pädophilen Erwachsenen nach intimen Details gefragt werden.

In einem solchen Fall sollten Sie nicht zögern, sich an die Polizei zu wenden, denn derartige Belästigungen sind strafbar. Auch wenn sich Ihr Kind durch einen Chat-Partner verbal bedroht fühlt, ist die Polizei der richtige Ansprechpartner.

Problematische Inhalte in sozialen Netzwerken

Auch in sozialen Netzwerken finden sich viele Inhalte, die für Kinder ungeeignet oder auch verboten sind, z. B. pornografische Bilder oder rechtsextreme Inhalte. Einige Diskussionsgruppen fördern beispielsweise auch Inhalte wie Magersucht, Drogenkonsum oder Suizid und auch Mobbingaktionen können über soziale Netzwerke laufen.

Hier liegt auf der einen Seite die Verantwortung bei den Betreibern der Netzwerke, auf der anderen Seite aber auch bei Ihnen als Elternteil. Interessiert sich Ihr Kind für eine Ihnen unbekannte Internetseite, sollten Sie – analog zum Fernsehen – sich die Seite zunächst

Ihnen unbekannte Internetseiten sollten Sie zunächst selbst prüfen und dann zusammen mit Ihrem Kind besuchen, bevor es die Angebote allein nutzen darf.

EXPERTEN-TIPP

Richtig umgehen mit problematischen Inhalten
Sollten Sie bei Ihren Recherchen auf problematische Inhalte in einem sozialen Netzwerk stoßen, sollten Sie sich auf jeden Fall an die Betreiber wenden und auch die Hotline von www.jugendschutz.net informieren, die sich speziell mit solchen Problemen befasst.

selbst anschauen und – je nach Alter des Kindes – dann gegebenenfalls mit Ihrem Kind zusammen besuchen und besprechen, was hierbei eventuell problematisch werden kann.

Fünf Tipps zum Umgang mit dem Internet

- Surfen Sie ab und zu gemeinsam mit Ihrem Kind und lassen Sie sich zeigen, auf welche Seiten es dabei gern zugreift.
- Vereinbaren Sie mit Ihrem Kind feste Surfzeiten und achten Sie darauf, dass es sich auch an diese Zeiten hält.
- Achten Sie darauf, dass Ihr Kind nur auf solchen Seiten Beiträge einstellt, auf die nur registrierte Benutzer Zugriff haben und die von erwachsenen Moderatoren überwacht werden.
- Vereinbaren Sie mit Ihrem Kind auf jeden Fall, dass es Sie grundsätzlich fragt, bevor es Daten aus dem Internet herunterlädt, damit es sich hierbei nicht um kindergefährdende Inhalte handelt und es nicht zu einer Infektion des Rechners mit Schadprogrammen kommt.
- Machen Sie Ihrem Kind klar, dass das kostenlose Herunterladen von Filmen und Musik aus illegalen Quellen strafbar ist und in Einzelfällen auch strafrechtlich verfolgt werden kann. Daher sollte es dies auf jeden Fall unterlassen.

> Es empfiehlt sich, gemeinsam mit dem Kind die Seiten zu besuchen, auf die es gern zugreift, diese zu prüfen und dabei auf mögliche Gefahren aufmerksam zu machen.

Kindgerechte Produkte kaufen

Zu Beginn dieses Kapitels, als die Einrichtung des kindgerechten Kinderzimmers thematisiert wurde, war bereits bisweilen die Rede vom Kauf kindgerechter Produkte und was Sie dabei beachten müssen. Dieses Thema soll im Folgenden weiter vertieft werden.

Anschaffungstipps

Folgende Punkte helfen Ihnen, unliebsame Überraschungen bei der Anschaffung neuer Spielwaren und Kinderprodukte zu vermeiden:

- Unternehmen Sie keine voreiligen Käufe. Informieren Sie sich vorab und lesen Sie gegebenenfalls auch Testergebnisse.
- Lassen Sie sich beim Kauf am besten von einem Fachmann beraten und die Handhabung eines Geräts, wenn nötig, erklären.
- Schenken Sie Werbeaussagen nicht zu viel Glauben!
- Schaffen Sie sich einen Überblick über die Produkte verschiedener Anbieter und vergleichen Sie deren Leistungen.
- Lassen Sie sich nicht nur von einem günstigen Preis zum Kauf verleiten und seien Sie skeptisch gegenüber sogenannten Preisknüllern. Es kann vorkommen, dass billig hergestellte Produkte mit Schadstoffen belastet und nicht ausreichend auf Kindersicherheit hin geprüft sind.
- Nehmen Sie das Produkt vor dem Kauf in die Hand, probieren Sie es, wenn möglich und sinnvoll, im Geschäft aus und überlegen Sie genau, ob es in Bezug auf die Persönlichkeit, die Entwicklung und das Alter Ihres Kindes geeignet ist.

Bei sehr günstigen Spielsachen sollten Sie skeptisch sein. Oft enthält dieses Spielzeug Schadstoffe und ist nicht ausreichend auf Sicherheit geprüft.

Produkte überprüfen

Überprüfen Sie ein Produkt genau, bevor Sie es kaufen und achten Sie dabei auf folgende Punkte:

- Achten Sie darauf, dass der Hersteller bzw. der Importeur genannt wird. So können Sie sich auf dessen Homepage z. B. über mögliche Rückrufaktionen erkundigen und den Hersteller im Schadensfall haftbar machen. Sind keine derartigen Angaben vorhanden, kann dies darauf hinweisen, dass sich der

Hersteller in einem solchen Fall der Haftung ent-
ziehen möchte.
- Achten Sie auf das Vorhandensein von DIN-Normen
  (wenn für das Produkt vorhanden), Prüf- und Gütesiegeln (siehe Seite 112 f.).
- Prüfen Sie das Spielzeug auf eventuell vorhandene
  gefährliche scharfe Ecken und Kanten sowie
  Quetsch- und Scherstellen.
- Achten Sie auf robustes Material und eine gute
  Verarbeitung.
- Meiden Sie Produkte mit ablösbaren Kleinteilen, die
  ein kleines Kind gegebenenfalls verschlucken könnte.
- Riechen Sie, wenn dies möglich ist, am Spielzeug. Hat
  es einen unangenehmen, chemisch-künstlichen, z. B.
  stechenden Geruch, weist dies auf eine Schadstoffbe-
  lastung hin und Sie sollten auf den Kauf verzichten.

Bei der Prüfung
durch den TÜV
wird Spielzeug auf
Sicherheitsaspekte
hin getestet. TÜV-
geprüfte Spielwaren
sollten Sie daher
beim Kauf vorrangig
berücksichtigen.

Sicherheitstipps für den Gebrauch

Auch das sicherste Produkt, das für oder von Kindern
verwendet wird, kann bei unsachgemäßer Hand-
habung zur Gefahr werden. Daher sollten Sie einige
Sicherheitstipps für den Gebrauch eines neuen Spiel-
zeugs oder Kinderprodukts berücksichtigen:
- Verlassen Sie sich niemals darauf, dass das
  Spielzeug oder Kinderprodukt hundertprozentig
  in Ordnung ist und prüfen Sie regelmäßig seinen
  ordnungsgemäßen Zustand.
- Verwenden Sie ein Produkt ausschließlich für den
  Zweck, für den es auch hergestellt wurde und leiten
  Sie auch Ihr Kind zur korrekten Nutzung des Pro-
  dukts an.
- Lesen Sie sich die Gebrauchsanleitung aufmerksam
  durch.
- Nehmen Sie alle darin enthaltenen Sicherheits- und
  Warnhinweise ernst.

- Überlegen Sie, welche Sicherheitsrisiken vom Gebrauch eines Spielzeugs oder Kinderprodukts ausgehen könnten und versuchen Sie, diese von vornherein auszuschalten.
- Stellen Sie gemeinsam mit Ihrem Kind Regeln für den Umgang mit dem Produkt auf und erklären Sie ihm, welche Gefahren bei der Benutzung lauern können.
- Seien Sie sich Ihrer Aufsichtspflicht gegenüber Ihrem Kind stets bewusst und üben Sie diese auch aus.
- Ermöglichen Sie Ihrem Kind eine schrittweise Annäherung an die Verwendung auch komplizierter Produkte unter Ihrer sachkundigen Anleitung.

Achten Sie beim Spielzeugkauf auf die verarbeiteten Materialien. Hier sollten möglichst wenige unnatürliche Bestandteile enthalten sein und sich keine bedenklichen Farbstoffe lösen können, wenn das Kind das Spielzeug in den Mund nimmt.

Weitere Sicherheitsaspekte

Beim Kauf von Spielzeug und Kinderprodukten sollten Sie auf jeden Fall auch auf die verarbeiteten Materialien achten. Grundsätzlich sollten Produkte für Kinder möglichst wenige unnatürliche Bestandteile aufweisen. Das muss nicht unbedingt heißen, dass Sie nur unbehandeltes Holzspielzeug kaufen müssen. Auch Spielzeug aus Kunststoff ist für gewöhnlich meist unbedenklich. Dennoch sollten Sie hier darauf achten, dass die verwendeten Farbstoffe unbedenklich sind und sich nicht – z. B. durch den Kinderspeichel, wenn die Kleinen das Spielzeug einmal in den Mund stecken – lösen können.

Häufig wird zudem verlangt, dass bestimmte Materialien schwer entflammbar sind. Zwar ist es einerseits grundsätzlich gut, wenn die Materialen von Kinderprodukten bei einer möglichen Berührung mit Feuer nicht sofort lichterloh brennen. Andererseits werden, um die Feuerbeständigkeit zu gewährleisten, häufig gesundheitsschädliche Chemikalien eingesetzt. Zudem sollten verantwortungsvolle Eltern ihre Kinder ohnehin von möglichen Brandquellen fernhalten.

CHECKLISTE

Woran erkenne ich gute Möbel?

Möbelqualität und Verschleiß

❏ Sind die Möbel robust und strapazierfähig und vertragen auch die bisweilen etwas raue Behandlung beim Spielen?

❏ Können die Möbel im Fall einer Beschädigung leicht selbst repariert werden?

❏ Lassen sich Verschleißteile nachkaufen?

❏ Sind Polsterbezüge wasch- und abnehmbar (Zipp-, Klettverschlüsse bieten hier große Vorteile in der Handhabung)?

❏ Gibt es Tiere im Haushalt? Dann sollten Sie unempfindlichere Bezüge wählen.

Verletzungssicherheit und Ergonomie

❏ Verfügen Möbel über einen sicheren Stand bzw. können sie an der Wand befestigt werden?

❏ Haben sie abgerundete Ecken und Kanten, an denen sich Kinder nicht verletzen können bzw. haben Sie an spezielle Schutzkappen gedacht?

❏ Genügen die Möbel ergonomischen Anforderungen?

❏ Können sich die Möbel einer veränderten Wohnsituation und den mit dem Alter des Kindes veränderten Anforderungen anpassen („mitwachsende" Möbel)?

❏ Bietet der Hersteller Zusatzteile an, um die Möbel gegebenenfalls weiter auszubauen und altersgerecht anzupassen?

Allgemeine Aspekte

❏ Passen die Möbel farblich zum Kinderzimmer?

❏ Passen die Möbel von der Größe her zum Kinderzimmer?

❏ Lasse ich mein Kind die Kinderzimmermöbel immer seinem persönlichen Geschmack entsprechend mit auswählen?

Information:

Die für dieses Kapitel relevanten DIN-Normen sind: DIN EN 716-1 und -2, DIN EN 747-1 und -2, DIN 5035-7 und -8, DIN EN 12221-1 und -2, DIN EN 12227-1 und -2, DIN EN 12790, DIN EN 14988-1 und -2 und DIN 16555.

WISSENSWERTES ZU PRÜF- UND GÜTEZEICHEN

Der große Umfang an Produkten für Kinder erschwert es dem Verbraucher oft, den Überblick zu wahren. Die Hersteller werben hierbei oft mit verschiedenen Qualitätssiegeln.

Die CE-Kennzeichnung

Die CE-Kennzeichnung ist europaweit gesetzlich vorgegeben. Mit ihr erklärt der Hersteller eigenverantwortlich, dass ein Produkt die grundlegenden Sicherheits- und Gesundheitsanforderungen erfüllt, d. h. dass es den wesentlichen Anforderungen der entsprechenden EU-Richtlinie entspricht. Erst dadurch erhält er für die Einführung seines Produkts auf dem europäischen Markt grünes Licht. Allerdings setzt die Kennzeichnung keine externe Sicherheitsprüfung voraus. Eine Ausnahme bilden hier Produkte, deren Gefahrenpotenzial von der Europäischen Union als hoch eingeschätzt wird. Dazu gehören z. B. Spielwaren oder Elektrogeräte.

Das GS-Zeichen

GS steht für „geprüfte Sicherheit". Die Kennzeichnung wurde 1977 in Deutschland als verbraucherorientiertes Sicherheitszeichen entwickelt. Trägt ein Produkt das GS-Zeichen, ist dies ein Hinweis darauf, dass der Hersteller das Produkt vor der Markteinführung auf seine Sicherheit hin prüfen lässt. Dazu beauftragt der Hersteller ein unabhängig zugelassenes Prüfinstitut wie z. B. den TÜV oder die Landesgewerbeanstalt. Nur wenn das Produkt die Tests besteht, erhält es das GS-Zeichen. Nach der Vergabe des GS-Zeichens wird das Produkt zudem auch regelmäßig kontrolliert: Nach fünf Jahren ist in der Regel eine neue umfassende Prüfung erforderlich.

Das VDE-Zeichen

Das VDE-Zeichen wird vom Verband der Elektrotechnik Elektronik Informationstechnik e. V. (VDE) verliehen und ist auf geprüften elektrotechnischen Produkten wie z. B. Elektrospielzeug zu finden. Die Auszeichnung eines Produkts mit diesem Siegel erfolgt freiwillig, der Hersteller muss die Prüfung demnach nicht zwangsläufig durchführen.

Grundlage für die Prüfung sind die VDE-Bestimmungen, europäische und internationale Normen sowie weitere technische Richtlinien. Beim Kauf elektronischer Produkte, die das VDE-Zeichen nicht tragen, soll-

ten Sie Vorsicht walten lassen und lieber auf solche zurückgreifen, die mit dem Siegel ausgezeichnet sind.

Der Blaue Engel

Der Blaue Engel ist ein Gütezeichen, dessen Anforderungen vom Umweltbundesamt erarbeitet, in einer Anhörung diskutiert und schließlich von der „Jury Umweltzeichen" festgelegt wurden. Vergeben wird das Zeichen vom Deutschen Institut für Gütesicherung und Kennzeichnung e. V. (RAL) unter Einbeziehung des Bundeslandes, in dem das Produkt hergestellt wird. Den Blauen Engel erhalten nur Produkte – etwa Schreibwaren, Möbel und Einrichtungsgegenstände und Kinderpro-

dukte – die umweltfreundlich hergestellt sind.

Spiel gut

Das Spiel-gut-Siegel kennzeichnet unabhängig getestetes Qualitätsspielzeug. Für die Vergabe des Siegels werden vor allem Kriterien wie Spielwert, Material, Haltbarkeit, Umweltverträglichkeit, Sicherheit, das Vorhandensein von Altersangaben und eine gut verständliche Bedienungsanleitung herangezogen. Die Spielwaren werden vom Arbeitsausschuss Kinderspiel + Spielzeug e. V. getestet und bewertet.

Das Goldene M

Das Gütezeichen „Goldenes M" ist speziell für Möbel konzipiert und wird von der Deutschen Gütegemeinschaft Möbel e. V. vergeben. Möbel wie z. B. Kinderhochstühle, Wickelkommoden und Kinderbetten werden hierbei auf ihre Sicherheit und Gesundheitsaspekte hin geprüft. Erhalten sie daraufhin das Gütezeichen, können Sie davon ausgehen, dass die Möbel stabil, haltbar und gut verarbeitet sind und keine Schadstoffe aufweisen.

Betreuungseinrichtungen und Versicherungen

Kapitelübersicht Absicherung

Betreuungs-
einrichtungen 114

Auswahl des richtigen
Kindergartens 118

Versicherungen für
Ihr Kind 123

Ein Kind optimal absichern

Wichtige Aspekte für das Wohlergehen Ihres Kindes sind auch die Wahl einer passenden Betreuungsmöglichkeit und die Absicherung durch sinnvolle Versicherungen.

In den bisherigen Kapiteln konnten Sie erfahren, wie Sie das Leben und Aufwachsen Ihres Kindes möglichst sicher gestalten und Unfallrisiken möglichst gering halten können. Abschließend soll es im Folgenden um zwei weitere wichtige Aspekte gehen, die das Wohlergehen und die Absicherung Ihres Kindes betreffen: die Kinderbetreuung und Versicherungen für Kinder.

Betreuungseinrichtungen

Im Leben eines jeden Kindes kommt der Zeitpunkt, an dem es alt genug ist, um einen Kindergarten oder eine Kindertagesstätte zu besuchen. Trotz möglicher Anfangsschwierigkeiten ist diese Zeit für die Entwicklung eines Kindes besonders wichtig. Im Folgenden erfahren Sie, welche Kindergartenformen es gibt, um hierbei eine sinnvolle Wahl treffen zu können, und wie Sie den Start in die Kindergartenzeit für Ihr Kind und sich so angenehm wie möglich gestalten können.

Kindergarten und Kindertagesstätte

Seit 1996 gibt es in Deutschland einen Rechtsanspruch auf einen Kindergartenplatz. Er gilt für jedes Kind im Alter vom vollendeten dritten Lebensjahr bis zum Schuleintritt und bezieht sich in der Regel auf einen Halbtagsplatz. Vielleicht möchten Sie Ihr Kind jedoch zuvor in einer Kindertagesstätte anmelden, in der auch jüngere Kinder betreut werden. Das kann z. B. eine gute Lösung sein, wenn der betreuende Elternteil wieder relativ schnell in den Beruf zurückkehren möchte bzw. muss. Dass es einen sehr großen Bedarf an solchen Betreuungsmöglichkeiten gibt, zeigen die langen Wartelisten der bereits bestehenden Kitas. Einrichtungen mit altersgemischten Gruppen, in denen Kinder vom Baby- bis zum Vorschulalter in derselben Gruppe betreut werden, gewinnen hier immer mehr an Bedeutung. Von einem solchen Modell profitieren alle betreuten Kinder. Kleine Kinder können von den älteren lernen und die älteren Kinder lernen ihrerseits, Verantwortung für die jüngeren zu übernehmen. Kinder, die in altersgemischten Gruppen betreut wurden, verfügen später zudem sehr häufig über eine deutlich höhere soziale Kompetenz als ihre Altersgenossen aus herkömmlichen Kindergärten.

Ab dem vollendeten dritten Lebensjahr bis zum Schuleintritt haben Kinder Rechtsanspruch auf einen Kindergartenplatz.

Kinder gewöhnen sich schnell an die Betreuung durch die Erzieher im Kindergarten und entwickeln hier mehr Selbstständigkeit.

Tagesmütter und -väter

Nicht jeder hat allerdings das Glück, für seinen Nachwuchs genau dann einen Tagesstättenplatz zu bekommen, wenn dieser auch benötigt wird. Dazu gibt es noch zu wenige derartige Betreuungsmöglichkeiten. Aber auch Eltern, die keinen Kita-Platz bekommen, müssen nicht notwendigerweise die eigene Lebensplanung über den Haufen werden: Hier sind zunächst einmal die Tagesmütter bzw. -väter zu nennen. Tagesmütter – oder -väter, von ihnen gibt es derzeit jedoch nur recht wenige – betreuen ein oder mehrere Kinder bei sich zu Hause. Tagesmütter arbeiten, in Absprache mit den Eltern, aktiv an der Erziehung der Kinder mit und sind ein wichtiger Ansprechpartner für Eltern und Kinder gleichermaßen.

Tagesmütter, die ihrer Aufgabe seriös nachgehen, haben zuvor eine umfangreiche Fortbildung absolviert. Der Bundesverband der Tagesmütter empfiehlt beispielsweise eine Qualifizierung von mindestens 160 Unterrichtsstunden – inklusive eines Kurses zur Ersten Hilfe bei Babys. Am Ende des Lehrgangs und nach der abschließenden Prüfung des Bundesverbands erhalten die Tagesmütter das Zertifikat „Qualifizierte Tagespflegeperson".

> Achten Sie darauf, dass die Tagesmutter eine Fortbildung mit dem Zertifikat „Qualifizierte Tagespflegeperson" absolviert hat.

EXPERTEN-TIPP

Bedeutung für die soziale Entwicklung

Auf jeden Fall sollte Ihr Kind auch dann, wenn eine Betreuung durch einen Elternteil bis zum Schuleintritt theoretisch möglich wäre, zuvor früher oder später eine Betreuungseinrichtung – welcher Art auch immer – besuchen, da es dort soziale Erfahrungen machen kann, die in dieser Form zu Hause, im abgegrenzten Raum des familiären Rahmens, nicht möglich sind.

Tagesmütter betreuen ein oder mehrere Kinder bei sich zu Hause und arbeiten dabei aktiv an der Kindererziehung mit.

Woran erkennen Sie aber nun, dass Sie es wirklich mit einer qualifizierten Tagesmutter zu tun haben? Wenn Sie auf Nummer sicher gehen wollen, setzen Sie sich am besten mit dem Jugendamt Ihrer Stadt in Verbindung. Dort kann man Ihnen entweder direkt einen qualifizierten Kontakt vermitteln oder man wird Ihnen seriöse Vereine oder Verbände nennen, an die Sie sich wenden können. Wichtig ist es zudem auch, dass die Chemie zwischen Ihnen und der Tagesmutter stimmt, schließlich müssen sie vertrauensvoll und eng zusammenarbeiten können.

Die Kosten richten sich danach, ob die Tagespflege öffentlich gefördert oder privat organisiert ist. Bei der öffentlich geförderten Tagespflege sind die Kosten einkommensabhängig: Wie bei einem Kindergarten- oder Kita-Platz wird hier ein Pauschalbeitrag an die Kommune bezahlt. Den genauen Betrag können Sie beim Jugendamt oder Ihrem Familien- und Kinderservicebüro vor Ort erfragen. Ist die Tagespflege privat finanziert, vereinbaren Sie die Bezahlungshöhe direkt mit der Tagesmutter. Derzeit liegen die Stundensätze etwa zwischen 3 und 7 Euro. Einige Kommunen zahlen je-

Bei der öffentlich geförderten Pflege sind die Kosten einkommensabhängig, ist die Betreuung privat, ist die Bezahlung direkt mit der Tagesmutter zu vereinbaren.

doch auch hier einen Zuschuss, daher lohnt hier im Einzelfall eine Nachfrage.

Au-pairs

Einige Familien bevorzugen ein Au-pair als Betreuungslösung. Die jungen Frauen und Männer aus dem Ausland leben mindestens ein halbes Jahr lang bei einer Familie, wobei sie die Sprache des Gastlands erlernen können, und erhalten neben kostenloser Unterkunft und Verpflegung auch ein kleines Taschengeld (derzeit mindestens 260 Euro pro Monat). Auch die Kosten der Unfall- und Krankenversicherung trägt die Gastfamilie. Diese Betreuungslösung kommt allerdings eher bei größeren Kindern infrage. Hier kann das in der Familie lebende Au-pair Sie z. B. dabei unterstützen, die Kinder in den Kindergarten oder die Schule zu bringen oder mit ihnen zu spielen. Die umfangreichen Betreuungsaufgaben einer Tagesmutter sollten Sie hingegen den meist jungen Leuten nicht zumuten.

Voraussetzung ist hierbei außerdem, dass Sie dem Au-pair ein beheiz- und abschließbares Zimmer in Ihrem Haus oder Ihrer Wohnung zur Verfügung stellen können. Meist erfolgt der Kontakt über Vermittlungsagenturen, der Aufenthalt und die Aufgaben des Au-pairs werden dann in einem Au-pair-Vertrag festgelegt.

> Au-pairs sind als Betreuungslösung eher für größere Kinder geeignet. Sie können die Kinder z. B. zum Kindergarten oder zur Schule bringen und mit ihnen spielen.

Auswahl des richtigen Kindergartens

Insbesondere in großen Städten herrscht bei der Auswahl eines geeigneten Kindergartens die sprichwörtliche Qual der Wahl. Um Ihnen einen Überblick zu geben und damit die Auswahl ein wenig zu erleichtern, erhalten Sie im Folgenden einige Informationen zu den verschiedenen Arten von Kindergärten.

Städtische Kindergärten

Das pädagogische Konzept der städtischen Kindergärten kann von Einrichtung zu Einrichtung differieren, da die Kindergartenleitungen hierfür selbst verantwortlich sind. Das bedeutet, dass Sie sich die infrage kommende Einrichtung vor der Anmeldung Ihres Kindes gut ansehen und nach dem pädagogischen Konzept fragen sollten. Zunehmend werden auch in diesem Bereich reformpädagogische Ansätze verwirklicht: Freispiel, Integrations- und altersgemischte Gruppen sind in vielen Kindergärten heute die Regel.

Die Gruppenstärke in städtischen Kindergärten ist recht groß und kann leicht 25 Kinder erreichen. Die Öffnungszeiten und die anfallenden Gebühren sind regional verschieden und daher bei den entsprechenden Stellen nachzufragen. Die Eltern sind in diesen Einrichtungen nicht wesentlich zur Mitarbeit aufgefordert, die Elternarbeit beschränkt sich zumeist auf den Besuch von Elternabenden und die Wahl eines Elternbeirats.

Da die Konzepte städtischer Kindergärten differieren, sollten Sie sich immer direkt bei der betreffenden Einrichtung informieren.

Kindergärten kirchlicher Träger

Auch kirchliche Kindergärten sind in allen Wohngegenden häufig zu finden. Sie unterscheiden sich lediglich in einem Punkt deutlich von den Einrichtungen in städtischer Trägerschaft: Bei kirchlichen Kindergärten sind Gebete, Bibelgeschichten und Gottesdienste in

EXPERTEN-TIPP

Religiöse Erziehung erwünscht

Um einen Platz in einem kirchlichen Kindergarten zu bekommen, ist es nicht zwingend notwendig, dass Eltern oder Kinder Mitglieder in der Kirche sind. Dennoch ist es hierbei erwünscht, dass die Eltern auch im religiösen Sinne die Erziehungsarbeit der kirchlichen Kindergärten unterstützen.

Die pädagogischen Konzepte der einzelnen Kindergärten unterscheiden sich in Art und Inhalt der Frühförderung, der Gewichtung der Einflussnahme durch die Erzieher oder in Art und Umfang der Spielmaterialien.

den Wochenablauf integriert, es wird also auch Wert auf die religiöse Erziehung der Kinder gelegt. Welchen Raum diese Erziehung einnimmt, ist von Einrichtung zu Einrichtung verschieden. Auch hier sollten Sie genaue Informationen erfragen.

Montessori-Kindergärten

Die pädagogische Arbeit in den Montessori-Kindergärten ist im Wesentlichen von drei Merkmalen geprägt: Dabei ist zunächst das von der italienischen Reformpädagogin Maria Montessori (1870–1952) – auf die dieses pädagogische Konzept zurückgeht –, entwickelte Spielmaterial zu nennen, das die Kinder zum selbstständigen Spielen und Forschen animieren soll. Das zweite Merkmal bildet die Abwechslung von gemeinsamer Beschäftigung mit den Erzieherinnen oder Erziehern und sogenannter Freiarbeit, in der sich die Kinder möglichst selbstständig mit dem vorhandenen Spiel- und Lernmaterial beschäftigen. Auch eine Ruhephase, in der sich die Kinder ausruhen, schlafen oder sich still beschäftigen können und gemeinsam die Mahlzeiten einnehmen, während derer den Kindern soziale Kompetenzen und ein Gruppenzugehörigkeitsgefühl vermittelt werden, sind hierbei wesentliche Elemente. Das dritte Merkmal ist die beobachtende Distanz der Erzieher, die die Kinder beim eigenständigen Lernen unterstützen, hierbei jedoch möglichst wenig eingreifen. Ein Kernsatz dieser Arbeit heißt: „Hilf mir, es selbst zu tun."

Trotz dieses klaren Konzepts sind die Schwerpunkte in den einzelnen Montessori-Kindergärten durchaus unterschiedlich. Das liegt vor allem daran, dass diese Kindergärten in den überwiegenden Fällen in freier Trägerschaft entstehen, also als private Eltern-Kind-Initiativen gegründet sind. Im Gegensatz zu den bisher genannten Kindergärten ist die Mitarbeit der Eltern die

Kernprinzip der Montessori-Kindergärten ist es, die Kinder beim eigenständigen Lernen zu unterstützen.

Voraussetzung für die Aufnahme der Kinder. Die Gruppenstärke ist in Montessori-Kindergärten zumeist kleiner als in städtischen oder kirchlichen Einrichtungen.

Waldorf-Kindergärten

Waldorf-Kindergärten entstehen in freier Trägerschaft, die Eltern werden beim Eintritt Vereinsmitglieder. Die Waldorf-Pädagogik geht auf den Begründer der Anthroposophie, Rudolf Steiner (1861–1925), zurück. Die Erzieherinnen müssen über eine entsprechend ausgerichtete Ausbildung verfügen, um in Waldorf-Kindergärten tätig werden zu dürfen.

Das Spielzeug besteht in einem Waldorf-Kindergarten in erster Linie aus Naturmaterialien wie Holz, Stein, Muscheln oder Tannenzapfen. Der Tagesablauf und auch der Verlauf der Woche sind – das ist ein fester Bestandteil des pädagogischen Konzepts – durch einen festen Rhythmus geprägt, in dem sich freies Spiel mit angeleiteten Phasen abwechselt.

Ein weiterer Ansatz besteht darin, dass die Kinder durch das Nachahmen der Handlungen ihrer Erzieher nützliche alltägliche und hauswirtschaftliche Tätigkeiten erlernen wie z. B. die Zubereitung des zweiten Frühstücks oder einfache Tätigkeiten bei der Pflege und Instandhaltung von Gegenständen der Kindergarteneinrichtung (z. B. Gardinen waschen, Ausbessern von Puppenkleidung).

Die Gruppenstärke liegt in Waldorf-Kindergärten bei ca. 20 Kindern. Die aktive Mitarbeit der Eltern ist auf jeden Fall erwünscht, beschränkt sich aber häufig auf organisatorische Aufgaben.

Eltern-Kind-Initiativen

Oft entstehen Eltern-Kind-Initiativen aus der Not heraus, weil keine anderen Kindergartenplätze zur

Der Tagesablauf in Waldorf-Kindergärten ist durch einen festen Rhythmus geprägt, in dem sich Anleitung und Freispiel abwechseln.

Auch im Kindergarten macht Kindern das Spielen im Freien mit einfachen, natürlichen Materialien Spaß. Es ist lehrreich und fördert die Kreativität.

Verfügung stehen. Ein weiterer Grund für die Gründung derartiger Einrichtungen kann aber auch darin bestehen, einen Gegenentwurf zu den pädagogischen Konzepten bestehender Kindergärten umsetzen zu wollen. Die Gruppen sind hierbei oft recht klein: Meist werden je ca. 15 Kinder von zwei Erzieherinnen oder Erziehern betreut.

Bei einer Eltern-Kind-Initiative im klassischen Sinne machen die Eltern alles selbst: Finanzverwaltung, Einziehen der Beiträge, Aufstellen des pädagogischen Konzepts, oft auch putzen und kochen. Die aktive Mitarbeit der Eltern ist hier unbedingte Voraussetzung für das Funktionieren des Kindergartens. Welche Öffnungszeiten die Kindergärten haben und welches pädagogische Konzept von ihnen favorisiert wird, hängt dabei von der jeweiligen Initiative und den dort engagierten Eltern ab. Bei Interesse sollten Sie sich hierüber bei der jeweiligen Initiative erkundigen.

Natur- und Waldkindergärten

Das Besondere an Natur- und Waldkindergärten ist, dass sie zumeist nicht über eigene Gebäude verfügen. So fungiert oft ein alter Bauwagen o. Ä. am Rande des Waldes als Anlaufstelle zum Hinbringen und Abholen der Kinder. Ansonsten verbringen sie ihre ganze Zeit im Wald. Das Essen wird mitgenommen, und als Spielzeug wird all das verwendet, was man im Wald finden kann. In solchen Einrichtungen können die Kinder ein enges Verhältnis zur Natur aufbauen. Es gibt auch keinen festen Ablauf, und die Kinder können naturnah neue Entdeckungen machen. Allerdings haben Waldkindergärten oft nur sehr eingeschränkte Öffnungszeiten; einige Einrichtungen sind im Winter nur für zwei bis drei Stunden geöffnet. Die Waldkindergärten sind meist als freie Eltern-Kind-Initiativen gegründet, die Gruppen umfassen etwa 15 Kinder.

Versicherungen für Ihr Kind

Sollte Ihr Kind einmal zu Schaden kommen – oder auch unabsichtlich anderen einen Schaden zufügen, z. B. beim Ballspiel eine Fensterscheibe einwerfen – kann es durchaus sinnvoll sein, über einen angemessenen Versicherungsschutz zu verfügen. Welche Versicherungen sind dabei jedoch für Ihr Kind sinnvoll und welche überflüssig? Um diese Fragestellung soll es im Folgenden gehen.

Kinder-Unfallversicherung

Ein schwerer Unfall kann unterschiedliche Folgen haben: ein langer Aufenthalt im Krankenhaus, eingeschränkte Mobilität, Rehabilitationsmaßnahmen und schlimmstenfalls bleibende Schäden. All dies ist mit Kosten verbunden, die von der Krankenversicherung nicht immer im vollen Umfang erstattet werden. Die gesetzliche Unfallversicherung deckt zwar Behandlung, Pflege und Rehabilitation im Falle eines Unfalls ab, greift bei Kindern hingegen nur, wenn ein Unfall in der Schule, im Kindergarten, im Hort oder auf dem direkten Weg dorthin passiert. Für alle anderen Fälle ist eine private Vorsorge nötig. Wenn man bedenkt, dass ungefähr 80 % der Unfälle von Kindern zu Hause oder in der Freizeit passieren, ist eine Kinder-Unfallversicherung eine durchaus sinnvolle Investition. Private Unfallversicherungen für Kinder können bei Unfällen in der Freizeit, zu Hause oder beim Sport in Anspruch genommen werden. Die Versicherungen decken auch Maßnahmen ab, die von der Krankenver-

Da die Kinder-Unfallversicherung im Gegensatz zur gesetzlichen Krankenversicherung auch Unfälle in der Freizeit, zu Hause und beim Sport abdeckt, ist sie eine sinnvolle zusätzliche Absicherung.

sicherung nicht übernommen werden. Mit einer privaten Kinderunfallversicherung kann z. B. ein behindertengerechter Umbau der Wohnung bezahlt werden, wenn dies infolge einer Unfallverletzung nötig werden sollte und das Kind ist abgesichert, wenn ihm infolge eines Unfalls keine spätere Berufsausübung möglich ist. Bei Kindern bis zu einem Alter von zehn Jahren schließen sie zudem die Folgen von Vergiftungen mit ein. Die gute Kinderunfallversicherung gibt es dabei bereits ab 3 Euro pro Monat. Achten Sie hierbei jedoch auf eine ausreichend hohe Versicherungssumme. Der Bund der Versicherten empfiehlt hierbei eine Absicherung in einer Höhe von mindestens 200.000 Euro. Es sollte zudem eine Progression von etwa 225 bis 500 % vereinbart werden. Je früher eine Police abgeschlossen wird, desto günstiger sind die Beiträge.

Zusätzlich zur Kinder-Unfallversicherung haben Sie die Möglichkeit, eine Kinderinvaliditäts-Zusatzversicherung abzuschließen, die nicht nur die Invalidität durch einen Unfall, sondern auch durch schwere Krankheiten wie Leukämie, Hirnhautentzündung oder Kinderlähmung verursachte bleibende Schäden abdeckt. Statistiken zufolge sind Krankheiten bei Kindern drei- bis viermal so häufig Invaliditätsursache als Unfälle. Daher empfiehlt der Verband öffentlicher Versicherer auch eine solche Zusatzversicherung.

Haftpflichtversicherung

Die private Haftpflichtversicherung ist eine der wichtigsten Versicherungen für Familien mit Kindern. Verursacht ein Kind ohne Versicherungsschutz der Eltern schuldhaft einen Schaden, haften die Eltern mit ihrem gesamten Vermögen, etwa mit Haus- und Grundbesitz, Bankguthaben, Lohn oder Gehalt. Selbst eine spätere Erbschaft oder ein Lottogewinn werden zur Kosten-

Haben Sie bereits eine Haftpflichtversicherung, sind für gewöhnlich vom Kind verursachte Schäden mit abgedeckt.

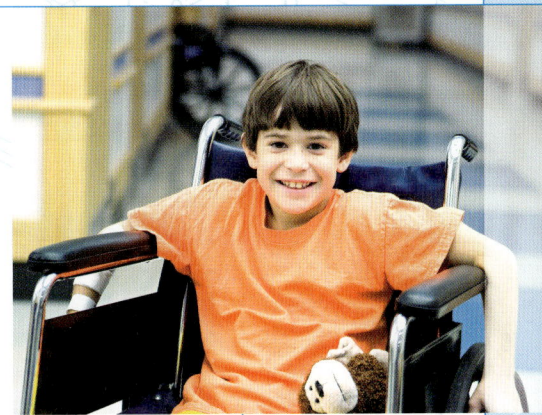

deckung herangezogen. Viele Eltern haben bereits für sich selbst eine Haftpflichtversicherung abgeschlossen und für gewöhnlich sind Schäden, die von den Kindern verursacht werden, in dieser Versicherungspolice abgedeckt. Sollten Sie jedoch noch nicht über eine Haftpflichtversicherung verfügen, ist es spätestens dann höchste Zeit, eine der-

Trotz aller Vorsicht kann es auch einmal zu Unfällen kommen und nicht immer laufen diese glimpflich ab. Daher ist hier eine gute Absicherung wichtig.

artige Police abzuschließen, wenn sich der Nachwuchs ankündigt. Die Kosten für eine solche Versicherung belaufen sich auf ca. 60 bis 90 Euro pro Jahr.
Eine Haftpflichtversicherung greift immer dann, wenn ein Kind einen Schaden verursacht hat und der Geschädigte Schadensersatzansprüche an die Eltern stellt. Der klassische Schadensfall ist hier die mit dem Fußball zertrümmerte Fensterscheibe, wobei sich die Schadenssumme hierbei in der Regel in Grenzen halten wird und daher die Versicherung nicht unbedingt in Anspruch genommen werden muss.
Nimmt der vom Kind verursachte Schaden jedoch größere Ausmaße an, z. B. wenn das Kind sich als Verkehrsteilnehmer oder beim Skifahren unvorsichtig verhält und andere Personen dadurch dauerhafte Behinderungen davontragen, kann eine Haftpflichtversicherung Sie vor einschneidenden finanziellen Folgen schützen.

Zusatz-Krankenversicherung

Die Leistungen der gesetzlichen Krankenversicherungen werden immer weiter eingeschränkt. Vor diesem Hintergrund kann auch für Ihr Kind eine Zusatz-Krankenversicherung durchaus sinnvoll sein. Auf diese

Weise können Sie die Kosten für Zahnersatz und Kieferorthopädie, Brillen, Heilpraktikerbehandlungen, Selbstbeteiligungen etc. zu einem Großteil auffangen. Der monatliche Beitrag für eine zusätzliche Krankenversicherung liegt ca. zwischen 2 und 10 Euro. Hier empfiehlt es sich, die Leistungen der einzelnen angebotenen Versicherungen genau zu vergleichen, denn sie können mitunter sehr variieren.

Ausbildungsversicherung

Die Kosten für die Ausbildung Ihres Kindes werden im Laufe seines Lebens immer größer. So können z. B. bei einem Hochschulstudium für die Miete einer Studentenwohnung, Bücher, Lehrmittel und Semestergebühren sowie für den Lebensunterhalt während der Studienzeit insgesamt Ausgaben in einer Höhe von rund 50.000 Euro notwendig werden.

Aber auch, wenn Ihr Kind eine andere Ausbildung absolviert, können Kosten für Miete, Ausbildungsmaterialien und den Lebensunterhalt auf Sie zukommen, die sich nicht allein durch die Ausbildungsvergütung decken lassen. Daher ist es durchaus sinnvoll, schon frühzeitig die Finanzierung der Ausbildung sicherzustellen.

Diese Variante der Kapitallebensversicherung wird von den Eltern, Großeltern oder Paten als Versicherungsnehmer zugunsten des Kindes als versicherter Person abgeschlossen. Hierbei können bereits geringe Beiträge z. B. schon ab der Geburt des Kindes in die Versicherung eingezahlt werden, die Auszahlung wird dann zum voraussichtlichen Ausbildungsbeginn fällig. Auch hier gilt, dass die Versicherung beitragsfrei bis zum festgelegten Zeitpunkt der Auszahlung weitergeführt wird, wenn die beitragszahlende Person vor Ende der Vertragslaufzeit sterben sollte.

Die Ausbildungsversicherung kann zur Finanzierung einer Ausbildung und der damit verbundenen Kosten wie etwa für Lehrmittel entscheidend beitragen.

CHECKLISTE

Welche Rahmenbedingungen sind bei Versicherungen für Kinder zu beachten?

Kinder-Unfallversicherung
- ❏ Versicherungsumfang: Unfälle in der Freizeit, zu Hause und beim Sport, z. B. Folgen eingeschränkter Mobilität wie ein behindertengerechter Wohnungsausbau, Berufsunfähigkeit, Vergiftungsfolgen bei Kindern unter zehn Jahren
- ❏ Versicherungsbeitrag: ab 3 bis 6 Euro monatlich
- ❏ Versicherungssumme: empfohlen: mindestens 200.000 Euro, Progression 225 bis 500 %

Kinderinvaliditäts-Zusatzversicherung
- ❏ Versicherungsumfang: Invalidität durch schwere Krankheiten
- ❏ Versicherungsbeitrag: ca. 7 bis 32 Euro monatlich (für 1.000 Euro Monatsrente)
- ❏ Versicherungssumme: einmalige Kapitalzahlung oder bis zu ca. 1.000 bis 1.500 Euro als monatliche Rente

Haftpflichtversicherung
- ❏ Versicherungsumfang: Personen- und Sachschäden, die vom Beitragszahler und seinen Kindern verursacht werden
- ❏ Versicherungsbeitrag: ab ca. 60 bis 90 Euro jährlich
- ❏ Versicherungssumme: empfohlen: mindestens 3 Mio. Euro

Zusatz-Krankenversicherung
- ❏ Versicherungsumfang: Leistungen, die von der Krankenkasse nicht übernommen werden bzw. höhere Leistungsprozentsätze z. B. bei Zahnersatz, Kieferorthopäden, Sehhilfen oder Heilpraktikerbehandlungen
- ❏ Versicherungsbeitrag: ab ca. 2 bis 10 Euro monatlich

Ausbildungsversicherung
- ❏ Versicherungsumfang: Ausbildungskosten (z. B. für Lehrmaterial, Verpflegung und Unterkunft während der Ausbildung)
- ❏ Versicherungsbeitrag: ab 12,50 Euro monatlich
- ❏ Versicherungssumme: je nach Bedarf (bei einem Studium können z. B. Ausgaben in einer Gesamthöhe von 50.000 Euro zusammenkommen)

WISSENSWERTES ZUR BETREUUNGSAUSWAHL

Die Entscheidung, welchen Kindergarten oder welche Kindertagesstätte Ihr Kind besuchen soll, kann Ihnen niemand abnehmen; einige Anhaltspunkte, die Sie bei der Entscheidungsfindung bedenken sollten, lassen sich jedoch nennen.

Praktische Gesichtspunkte

Zunächst sollten ganz praktische Gesichtspunkte bei Ihrer Entscheidung eine Rolle spielen: So darf es für Sie nicht zum Stress werden, Ihr Kind in den Kindergarten zu bringen und von dort wieder abzuholen und auch Ihrem Kind sollte hierbei ein größerer Zeitaufwand erspart bleiben. Demnach wird es eine Rolle spielen, ob die Betreuungseinrichtung in der Nähe Ihres Hauses oder Ihrer Wohnung bzw. wenn Sie berufstätig sind auf dem Arbeitsweg gelegen ist.

Auch die Frage nach den Öffnungszeiten ist in diesem Zusammenhang wichtig. Besonders bei Alleinerziehenden oder wenn beide Eltern arbeiten bzw. der betreuende Elternteil die Arbeit nach der Babypause wieder aufnehmen möchte, sollten Sie auf jeden Fall darauf achten, dass sich die Arbeitszeit und die Öffnungszeiten der Einrichtung gut ergänzen. Gerade wenn beide Elternteile berufstätig sind, ist eine Ganztagsbetreuung wünschenswert, die dem Kind auch eine Möglichkeit zum Mittagessen bietet.

Pädagogisches Konzept

Wenn Sie sich mit dem Gedanken beschäftigen, die Erziehung Ihres Kindes in die Hände Dritter zu geben, ist es wichtig, sich eingehend mit dem pädagogischen Konzept der jeweiligen Einrichtung auseinanderzusetzen.

Die Zusammenarbeit mit den Erzieherinnen und Erziehern kann nur dann gut funktionieren, wenn Ihr eigenes Erziehungskonzept sich mit dem des Kindergartens weitestgehend deckt, sonst wird die Diskrepanz der verschiedenen pädagogischen Ausrichtungen für Ihr Kind eher schädlich als nützlich sein. So macht es z. B. wenig Sinn, Ihr Kind in einer christlichen Einrichtung betreuen zu lassen, wenn Sie selbst einen anderen Glauben haben oder Atheist sind.

Informieren Sie sich daher über die verschiedenen Erziehungsansätze (siehe Seite 114 ff.) und entscheiden Sie, welcher davon Ihren eigenen Vorstellungen am nächsten kommt.

Wichtig bei der Wahl einer Betreuungsmöglichkeit sind auch deren Einrichtung und Ausstattung.

Räumliche Ausstattung

Neben den praktischen Gesichtspunkten und dem pädagogischen Konzept sollten Sie sich bei Ihrer Wahl auch an den räumlichen Gegebenheiten und der Ausstattung des Kindergartens orientieren. Große, helle und liebevoll eingerichtete Räume sowie ein gepflegtes Außengelände sagen hierbei bereits einiges über die Führung einer Einrichtung aus.

Zudem sollten Sie auch einen Blick auf die Spielgeräte werfen. Befinden sie sich in einem einwandfreien Zustand? Welche Spielangebote werden den Kindern gemacht? Bei der Beurteilung der Spielgeräte und der Möblierung können Sie sich an den Sicherheitshinweisen der vorangegangenen Kapitel orientieren.

Zusätzliche Tipps

Hören Sie sich in Ihrem Bekanntenkreis um, welche Einrichtungen die Kinder dort besuchen und wie zufrieden Ihre Bekannten und deren Kinder damit sind.

Erkundigen Sie sich auch, wie groß die Gruppen in den jeweiligen Einrichtungen sind. Große Gruppen bringen automatisch auch mehr Unruhe mit sich und sind besonders für Kinder, denen es schwerfällt, Kontakte zu knüpfen, weniger gut geeignet.

Auch die sportlichen Aktivitäten sollten nicht zu kurz kommen. Einige Kindergärten bieten sogar spezielle psychomotorische Turneinheiten an, die der motorischen Entwicklung Ihres Kindes hervorragende Impulse geben können.

Damit wir nicht ständig stolpern. Die Norm liefert Maße für die bequeme und sichere Begehbarkeit von Gebäudetreppen: DIN 18065.

Infoteil

DIN-Normen geben Sicherheit

Normen geben den Menschen Sicherheit in allen Bereichen des täglichen Lebens, ob im Kinderzimmer, im Straßenverkehr oder beim Sport. Normen schützen Arbeitnehmer in der Industrie, in Büros, in Laboren oder am Bau. Durch Normen können sich neue Technologien schneller am Markt durchsetzen, weil durch die Normung die wesentlichen Fragen der Sicherheit, der Verträglichkeit mit Gesundheit und Umwelt sowie der Gebrauchstauglichkeit und Zuverlässigkeit geklärt sind. Das schafft Vertrauen. Die Aufgabe von Normen ist es somit, den Nutzen technischer Entwicklungen zu maximieren und von ihnen ausgehende Gefährdungen zu minimieren.

Auch unter rechtlichen Aspekten stehen Normen für Sicherheit: Zunächst sind DIN-Normen Empfehlungen, deren Anwendung jedem freisteht. Verbindlich werden Normen nur dann, wenn in privaten Verträgen oder in Gesetzen und Verordnungen auf sie Bezug genommen wird und dort deren Anwendung festgelegt ist.

Normen im Alltag

Produkte und Dienstleistungen beeinflussen das tägliche Leben von Millionen Verbrauchern. Normen begleiten uns, meistens unbemerkt, ein Leben lang. Von Säuglingsartikeln, Kinderspielzeug, Schulranzen und Sprachreisen über Möbelumzugsdienste, Bauwe-

sen, Kraftfahrzeuge, Finanzdienstleistungen und
Marktforschung bis hin zu Lebensmitteln, Umwelt-
schutz, Medizin und betreutem Wohnen – Normen
sind im Anwendungsbereich jedes Einzelnen allgegen-
wärtig. Ohne Normen würde der A4-Bogen nicht
in den Drucker, die CD-ROM nicht in den Computer,
der Tankstutzen nicht in den Wagen und die Schraube
nicht zur Mutter passen. Und wahrscheinlich würde
man die Treppen eher hochstolpern als -gehen.

DIN: international, marktorientiert, innovativ

Das DIN Deutsches Institut für Normung e. V. erarbeitet Normen und Standards als Dienstleistung für
Wirtschaft, Staat und Gesellschaft. Das DIN ist privat-
wirtschaftlich organisiert mit dem rechtlichen Status
eines gemeinnützigen Vereins. Der Geschäftssitz
ist seit 1917 in Berlin. Die Mitglieder des DIN sind
Unternehmen, Verbände, Behörden und andere
Institutionen aus Industrie, Handel, Handwerk und
Wissenschaft.

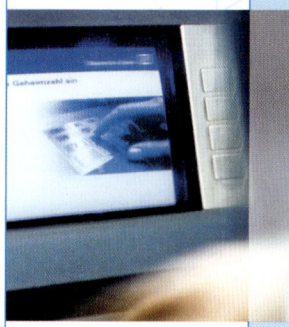

Die Hauptaufgabe des DIN besteht darin, gemeinsam
mit Vertretern der interessierten Kreise konsensba-
sierte Normen markt- und zeitgerecht zu erarbeiten.
Hierfür bringen rund 26.000 Experten ihr Fachwissen
in die Normungsarbeit ein. Aufgrund eines Vertrages
mit der Bundesregierung ist das DIN als die nationale
Normungsorganisation und als Vertreter deutscher
Interessen in den europäischen und internationalen
Normungsorganisationen anerkannt. Heute ist die
Normungsarbeit des DIN zu fast 90 % international
ausgerichtet. Normen erbringen einen hohen be-
triebs- und volkswirtschaftlichen Nutzen, der für
Deutschland mit rund 16 Milliarden Euro pro Jahr
ermittelt wurde.

**Damit die Geheim-
zahl auch geheim
bleibt. Die Norm
beschreibt, wie die
PIN bei der Online-
Prüfung geschützt
wird. Bankwesen –
PIN-Management
und Sicherheit:
ISO 9564-1.**

Erklärungen zu den wichtigsten Begriffen

Babywippe

Babysitz, in dem Babys in halb liegender Position sitzen können und der sich schaukeln lässt. Empfohlen sind diese Sitze ab dem zweiten Lebensmonat.

Brandbeschleuniger

Substanzen wie Brennspiritus oder Benzin, die aufgrund ihrer leichten Entflammbarkeit die Ausbreitungsgeschwindigkeit eines Feuers erhöhen. Sie sollten beim Grillen nicht verwendet werden.

Ergonomie

Lehre von der optimalen Anpassung des Arbeitsplatzes an die Bedürfnisse seines Nutzers. Gesundheitsschäden sollen durch die Entwicklung von Möbeln und Gebrauchsgegenständen, die die besonderen Erfordernisse der menschlichen Anatomie berücksichtigen, verhindert werden.

Gesichtsfeld

Raumabschnitt, der ohne Bewegung des Kopfes oder Drehung des Körpers überblickt werden kann. Das Gesichtsfeld ist bei Kindern deutlich kleiner als bei Erwachsenen.

ISOFIX-Systeme

International normiertes Befestigungssystem für Kindersitze in Fahrzeugen. Es ermöglicht die direkte Verankerung des Sitzes an einer dafür vorgesehenen Vorrichtung der Karosserie unabhängig von der Position der Gurte.

Lauflernhilfe

Gerüst mit Rädern, das das Kind durch einen Gurt in stehender Position aufrecht hält und beim Laufenlernen vor dem Fallen bewahren sowie dieses erleichtern soll. Experten stehen Lernlaufhilfen jedoch kritisch gegenüber, da der Bewegungsapparat fehlbelastet wird, die Unfallhäufigkeit zunehmen kann und der Gleichgewichtssinn hierbei nicht trainiert wird.

Fähigkeit, Medien und ihre Inhalte den eigenen Zielen und Bedürfnissen entsprechend zu nutzen.

**Medien-
kompetenz**

Übersteigerte Lichtempfindlichkeit, die eine schmerzhafte Schwellung und Rötung der Haut hervorruft.

**Photosensi-
bilisierung**

Für Kinder unter zwölf Jahren und einer Körpergröße von unter 150 cm sind Rückhalteeinrichtungen beim Transport in Kraftfahrzeugen gesetzlich vorgeschrieben. Rückhalteeinrichtungen können ein Kindersitz, eine Babywanne oder -schale oder ein Sitzkissen sein und müssen amtlich genehmigt sein (erkennbar an dem Kennzeichen „E").

**Rückhalte-
einrichtung**

Auch RCD. Die Schutzeinrichtung trennt bei Überschreiten einer bestimmten Differenzstromstärke zwischen hin- und zurückfließendem Strom innerhalb eines Stromkreises den überwachten Stromkreis vom restlichen Netz. Eine solche Differenz kann beispielsweise auftreten, wenn Strom durch einen menschlichen Körper fließt.

**FI-Sicherung/
Fehlerstrom-
Schutzschal-
ter**

Pflicht von Grundstückseigentümern, Gefahrenquellen für Dritte zu sichern. Eine Nichtbeachtung der Verkehrssicherungspflicht kann zu Schadensersatzansprüchen führen.

**Verkehrssi-
cherungs-
pflicht**

Chemische Verbindungen, die Kunststoffen wie PVC zugesetzt werden, um diese elastischer zu machen. Sie können u. a. auch in Kinderspielzeug vorkommen und gelten als gesundheitsschädlich.

**Weichmacher/
Phthalate**

Häufig gestellte Fragen

Inwiefern kann mehr Bewegung das Unfallrisiko bei Kindern senken?

Durch viel Bewegung entwickeln Kinder eine bessere Koordination und Motorik. Sie werden dabei sicherer in den Bewegungsabläufen und können ihre Möglichkeiten wie auch ihre Grenzen herausfinden. Kinder, die sich ausreichend und vielfältig bewegen, lernen, sich selbst immer besser einzuschätzen und neigen weniger dazu, ihre körperliche Leistungsfähigkeit zu überschätzen – was häufig zu riskantem Verhalten und schließlich zu Unfällen führt.

Schadet es Kindern, wenn man sie hin und wieder in den Laufstall legt?

Ein Laufstall ist durchaus vernünftig, wenn man das Kind ab und zu dort „unterbringt". Nur sollten diese Phasen nicht zu lang werden, denn Kinder brauchen Bewegungs- und Entdeckungsraum und müssen ihre Umwelt erkunden können. Achten Sie beim Kauf eines Laufstalls darauf, dass er sicher ist und der Norm DIN 12227-1 und -2 entspricht.

Ab welchem Alter lernen Kinder, Gefahren einzuschätzen?

Ein instinktives Sicherheitsverhalten haben Kinder bereits im ersten Lebensjahr. Im Alter von zwei Jahren können Kinder auch Botschaften wie „Achtung" oder „heiß" verstehen und darauf richtig reagieren. Aber erst mit fünf Jahren erkennen Kinder akute Gefahren bewusst. Es dauert aber noch bis zum Alter von zehn Jahren, bis Kinder in komplexen Situationen wirklich sicherheitsbewusst handeln können.

Ab wann können Kinder ihren Schulweg allein bewältigen?

Wenn der Schulweg es zulässt, können Sie Ihr Kind auch schon mit sechs Jahren allein zur Schule gehen lassen. Die Voraussetzung dafür ist, dass Sie den Weg gemeinsam mit Ihrem Kind gut geübt haben. Bei Schulwegen, die gefährliche Passagen haben und an viel befahrenen Straßen entlangführen, sollten Sie Schritt für Schritt vorgehen und zunächst Ihr Kind und sein Verhalten beobachten, bevor es den Weg ohne Begleitung gehen darf.

Wie gefährlich sind Steckdosen für Kinder?

Steckdosen können zu einer tödlichen Gefahr für Ihre Kinder werden, wenn diese beispielsweise mit einem Metallgegenstand darin herumbohren. Daher sollten Sie die Steckdosen immer mit einer Kindersicherung versehen.

Ist es sinnvoll, dass mein Kind auf dem Spielplatz den Fahrradhelm aufbehält?

Dass der Helm auch auf dem Spielplatz vor Kopfverletzungen schützen sollte, ist ein Irrtum. Auf dem Spielplatz muss der Fahrradhelm auf jeden Fall abgesetzt werden, da Ihr Kind sich sonst im schlimmsten Fall damit strangulieren kann. Auch andere gravierende Verletzungen drohen, wenn das Kind mit dem Helm an einem Spielplatzgerät hängen bleibt.

Wie sicher sind eigentlich Fahrradanhänger?

Experten stufen diese Transportsysteme eindeutig als sicherer ein als Fahrradsitze. Daher sind sie auf jeden Fall empfehlenswert. Achten Sie bei der Auswahl auf das GS-Zeichen und erkundigen Sie sich bei der Stiftung Warentest nach guten Anhängern.

Stimmt es, dass besonders Kleinkinder durch Vergiftungen gefährdet sind?

Das stimmt. 90 % aller Vergiftungsunfälle betreffen Kleinkinder im Alter zwischen zehn Monaten und vier bis fünf Jahren. Das lässt sich auch leicht einsehen, denn besonders kleine Kinder erkunden ihre Umwelt mit allen Sinnen und stecken sich daher oft Gegenstände in den Mund. Dieser Drang lässt mit zunehmendem Alter allerdings nach. Besondere Gefahr besteht hier vor allem durch ätzende Putzmittel in Küche, Bad/WC und Hobbyräumen, wie beispielsweise Entkalker, Rohr- und WC-Reiniger, Reiniger in der Spülmaschinenklappe, aber auch durch Duftöle und Duftpetroleum für Lampen.

Ab welchem Alter kann man sein Kind in einem Hochbett schlafen lassen?

Diese Frage lässt sich pauschal nur schwer beantworten. Mit Hochbetten passieren immer wieder Stürze mit schweren Kopfverletzungen. Diese Unfälle ziehen sich durch alle Altersgruppen. Daher sollten Sie überlegen, ob es überhaupt unbedingt ein Hochbett sein muss.

Nützliche Adressen und Websites

Ämter und Institutionen

Bundesarbeitsgemeinschaft Mehr Sicherheit für Kinder e. V.
Heilsbachstraße 13
53123 Bonn
Tel.: 02 28/6 88 34-0
Fax: 02 28/6 88 34-88
E-Mail: info@kindersicherheit.de
www.kindesicherheit.de

Die Homepage bietet einen guten Überblick und auch in die Tiefe gehende Artikel zu allen Aspekten der Kindersicherheit.

Bundesministerium für Familie, Senioren, Frauen und Jugend
Alexanderstraße 3
10178 Berlin
Tel.: 0 30/1 85 55-0
Fax: 0 30/1 85 55-44 00
E-Mail: poststelle@bmfsfj.bund.de
www.bmfsfj.de

Bundesministerium für Verkehr, Bau- und Wohnungswesen
Invalidenstraße 44
10115 Berlin
Tel.: 0 30/1 83 00-30 60

Fax: 0 30/1 83 00-19 42
E-Mail: buergerinfo@bmvbs.bund.de
www.bmvbs.de

Bundeszentrale für gesundheitliche Aufklärung
Postfach 910152
51071 Köln
Tel.: 02 21/89 92-0
Fax: 02 21/89 92-300
E-Mail: poststelle@bzga.de
www.bzga.de

Bei der Bundeszentrale für gesundheitliche Aufklärung erhalten Sie Informationen, die besonders die gesundheitlichen Aspekte der Kindersicherheit betreffen.

Hannelore Kohl Stiftung
Rochusstraße 24
53123 Bonn
Tel.: 02 28/9 78 45-0
Fax.: 02 28/9 78 45-55
E-Mail: info@hannelore-kohl-stiftung.de
www.hannelore-kohl-stiftung.de

Über die Hannelore Kohl Stiftung kann man Broschüren zum Thema Kindersicherheit erhalten.

c/o komm.passion GmbH
Luisenstraße 41
10117 Berlin
http://schau-hin.info/

Hier gibt es jede Menge Informationen rund um den Themenkomplex Medienkompetenz (inklusive TV-Tipp etc.).

Internetadressen

http://schau-hin.info
(Homepage des Projektbüros „Schau hin, was deine Kinder machen" zur Medienerziehung)

www.bzga.de
(Homepage der Bundeszentrale für gesundheitliche Aufklärung)

www.das-sichere-kind.de
(Elternratgeber des Gesamtverbands der Deutschen Versicherungswirtschaft e. V. [GDV])

www.elternwissen.com/ kinder-sicherheit.html
(Elternratgeber, der sich mit Gesundheit, Sicherheit, Schule und Freizeit beschäftigt)

www.familienhandbuch.de
(Online-Handbuch des Staatsinstituts für Frühpädagogik (IFP) zum Thema Familie und Familienleben)

www.fruehehilfen.de/3105.0. html (Homepage des nationalen Zentrums frühe Hilfen)

www.kindergesundheit-info.de
(Online-Portal der Bundeszentrale für gesundheitliche Aufklärung [BZgA] zur Förderung einer gesunden Entwicklung von Kindern und Jugendlichen)

www.kindersicherheit.de
(Homepage der BAG Mehr Sicherheit für Kinder)

www.kindersicherheit.de/wissen (Lexikon Kindersicherheit der BAG Mehr Sicherheit für Kinder)

www.lvgfsh.de/ebene2/ sichertipp.htm
(Liste verschiedener Broschüren zum Thema Unfallprävention)

www.verkehrswacht-medienservice.de (Seiten zum Thema Sicherheit im Straßenverkehr)

Literaturtipps

Normen

Im Bereich Kindersicherheit gibt es eine Vielzahl von DIN-Normen, hier eine Auswahl. Diese sowie andere Rechtsvorschriften und DIN-Normen sind über den Beuth Verlag zu beziehen (www.beuth.de)

DIN 1989 (meherere Teile)
Regenwassernutzungsanlagen

DIN 33942 (Ausgabe 2002-08)
Barrierefreie Spielplatzgeräte – Sicherheitstechnische Anforderungen und Prüfverfahren

DIN 51097 (Ausgabe 1992-11)
Prüfung von Bodenbelägen; Bestimmung der rutschhemmenden Eigenschaft; Nassbelastete Barfußbereiche; Begehungsverfahren; schiefe Ebene

DIN 66351 (Ausgabe 1988-08)
Wasserspielzeug; Sicherheitstechnische Anforderungen, Prüfung

DIN EN 71 (mehrere Teile)
Sicherheit von Spielzeug

DIN EN 716 (mehrere Teile)
Möbel – Kinderbetten und Reisekinderbetten für den Wohnbereich

DIN EN 747 (mehrere Teile)
Möbel – Etagenbetten und Hochbetten für den Wohnbereich

DIN EN 1078 (Ausgabe 2006-03)
Helme für Radfahrer und für Benutzer von Skateboards und Rollschuhen; Deusche Fassung EN 1078:1997+A1:2005

DIN EN 1176 (mehrere Teile)
Spielplatzgeräte und Spielplatzböden

DIN EN 1177 (Ausgabe 2008-08)
Stoßdämpfende Spielplatzböden – Bestimmung der kritischen Fallhöhe; Deutsche Fassung EN 1177:2008

DIN EN 1273 (Ausgabe 2005-08)
Artikel für Säuglinge und Kleinkinder – Kinderlaufhilfen – Sicherheitstechnische Anforderungen und Prüfverfahren; Deutsche Fassung EN 1273:2005

DIN EN 1466 (Ausgabe 2008-09)
Artikel für Säuglinge und Kleinkinder – Tragetaschen und Ständer – Sicherheitstechnische Anforderungen und Prüfverfahren; Deutsche Fassung EN 1466:2004+A1:2007

DIN EN 1888 (Ausgabe 2005-11)
Artikel für Säuglinge und Kleinkinder – Transportmittel auf Rädern für Kinder – Sicherheitstechnische Anforderungen und Prüfungen; Deutsche Fassung EN 1888:2003 + A1:2005 + A2:2005 + A3:2005

DIN EN 1930 (Ausgabe 2006-03)
Artikel für Säuglinge und Kleinkinder – Kinderschutzgitter – Sicherheitstechnische Anforderungen und Prüfverfahren; Deutsche Fassung EN 1930:2000+A1:2005

DIN EN 12221 (mehrere Teile)
Wickeleinrichtungen für den Hausgebrauch

DIN EN 12227 (mehrere Teile)
Kinderlaufställe für den Wohnbereich

DIN EN 12790 (Ausgabe 2003-01)
Artikel für Säuglinge und Kleinkinder – Kinderliegesitze; Deutsche Fassung EN 12790:2002

DIN EN 13138 (mehrere Teile)
Auftriebshilfen für das Schwimmenlernen

DIN EN 13209 (mehrere Teile)
Artikel für Säuglinge und Kleinkinder – Kindertragen – Sicherheitstechnische Anforderungen und Prüfverfahren

DIN EN 14120 (Ausgabe 2007-09)
Schutzkleidung – Handgelenk-, Handflächen-, Knie- und Ellenbogenschützer für Benutzer von Rollsportgeräten – Anforderungen und Prüfverfahren; Deutsche Fassung EN 14120:2003+A1:2007

DIN EN 14344 (Ausgabe 2004-11)
Artikel für Säuglinge und Kleinkinder – Kindersitze für Fahrräder – Sicherheitstechnische Anforderungen und Prüfverfahren; Deutsche Fassung EN 14344:2004

DIN EN 14350 (mehrere Teile)
Artikel für Säuglinge und Kleinkinder – Artikel für flüssige Kindernahrung

DIN EN 14372 (Ausgabe 2004-11)
Artikel für Säuglinge und Kleinkinder – Besteck und Geschirr – Sicherheitstechnische Anforderungen und Prüfungen; Deutsche Fassung EN 14372:2004

DIN EN 14682 (Ausgabe 2008-02)
Sicherheit von Kinderbekleidung – Kordeln und Zugbänder an Kinderbekleidung – Anforderungen; Deutsche Fassung EN 14682:2007

DIN EN 14749 (Ausgabe 2005-11)
Wohn- und Küchenmöbel –
Schränke, Regale und Arbeits-
platten – Sicherheitstechnische
Anforderungen und Prüfverfahren;
Deutsche Fassung EN 14749:2005

DIN EN 14988 (mehrere Teile)
Kinderhochstühle

DIN EN ISO 12402-5
(Ausgabe 2006-12)
Persönliche Auftriebsmittel –
Teil 5: Schwimmhilfen (Stufe 50) –
Sicherheitstechnische Anforderun-
gen (ISO 12402-5:2006); Deutsche
Fassung EN ISO 12402-5:2006)

DIN EN ISO 13732-1
(Ausgabe 2008-12)
Ergonomie der thermischen Umgebung – Bewertungsverfahren für
menschliche Reaktionen bei Kontakt mit Oberflächen – Teil 1: Heiße
Oberflächen (ISO 13732-1:2006);
Deutsche Fassung EN ISO 13732-1:
2008

DIN VDE 0100-701
(Ausgabe 2008-10)
Errichten von Niederspannungs-
anlagen – Teil 701: Anforderungen
für Betriebsstätten, Räume und
Anlagen besonderer Art – Räume

mit Badewanne oder Dusche (IEC
60364-7 – 701:2006, modifiziert);
Deutsche Übernahme HD 60364-
7 – 701:2007

DIN-Fachbericht 125
(Ausgabe 2002)
Klassifizierung von Spielzeug –
Leitlinien; Deutsche Fassung
CR 14379

Bücher und Broschüren

ADAC: Schulweg-Ratgeber;
München; o. J.

**BAG Mehr Sicherheit für Kinder:
Unfälle vermeiden. Mehr Sicherheit für Kinder;** Bonn; 2004

**BAG Mehr Sicherheit für Kinder:
Der Spielplatz-Check – Tipps für
Eltern – Sicherheit für Kinder;**
Bonn; o. J.

**BAG Mehr Sicherheit für Kinder:
Einkaufen für die Kleinsten –
Kinderprodukte unter der Lupe –
Sicherheitshinweise für Anschaf-
fung und Gebrauch;** Bonn; 2007

**Brück, J./Paatsch, Th.: Sicher und
gesund wohnen;** Beuth Verlag;
2007

Bundeszentrale für gesundheitliche Aufklärung: Ich geh zur U! Und du? – Das Wichtigste zu den Früherkennungsuntersuchungen U1 – U9; Köln; 2006

Bundeszentrale für gesundheitliche Aufklärung: Kinder schützen – Unfälle verhüten – Elternratgeber zur Unfallverhütung im Kindesalter; Köln; 2006

Bundeszentrale für gesundheitliche Aufklärung: Unsere Kinder – Elternratgeber zur gesunden kindlichen Entwicklung von 1–6 Jahren; Köln; 2008

Colditz, Hans-Peter: ADAC Handbuch für Verkehrssicherheit. Herausgegeben vom Bundesministerium für Verkehr, Bau- und Wohnungswesen, dem Deutschen Verkehrssicherheitsrat und der deutschen Verkehrswacht; 2004

Friedl, Wolfgang J. (Dr.-Ing.) (u. a.): Kinder brauchen Sicherheit – Alltagstaugliche Ratschläge für Eltern; Frieling & Huffmann; 2006

Grünebaum, Gabriele: Spielzeug und Spielgeräte. Richtig auswählen, sicher nutzen; Beuth Verlag; 2007

Kuhn, Birgit: Schulanfang. Richtig vorbereiten, sicher starten; Beuth Verlag; 2008

Ministerium für Bauen und Verkehr des Landes NRW: Orientierungshilfen für die Schulwegsicherung; Düsseldorf; 2006

Möll, Eva: JuniorForscher-mini: Sicherheit für Roller, Dreirad, Fußgänger – ... Entdecken und Erleben!!!; JuniorForscher Verlag; 2007

Projektbüro „Schau hin, was deine Kinder machen": Der Medienratgeber für Eltern; Berlin; 2008

Schieb, Jörg: PC konkret – Der Familien-PC: So spielen, lernen und surfen Ihre Kinder sicher; Stiftung Warentest; 2007

Steinmann, M./Tobinski, R.: Das große Verkehrs-Erlebnisbuch – Sicherheit im Straßenverkehr; Fleurus Verlag; 2004

Stoppard; Miriam: Erste Hilfe für Babys und Kleinkinder – Die wichtigsten Informationen für den Notfall; Urania, Freiburg; 2004

Register

A

Aktionsradius 21
Arbeitsplatz-Beleuchtung 99
Au-pairs 118
Aufmerksamkeit 16, 27
Aufräumen 97
Ausbildungsversicherung 126
Auto, parkendes 20
Autokindersitze 64 f.

B

Babyschale 65
Babywippe 86 f.
Baderegeln 57
Betreuungsauswahl, Wissenswertes 128 f.
Betreuungseinrichtungen 9 f., 114
Bewegungsabläufe 13
Bewegungsanreize 56
Bewegungsdrang 48
Bewegungserziehung 56
Blauer Engel 43
Bodenbeläge rutschfeste 39 f.

C

CE-Kennzeichnung 112
Checkliste
– Ausbildungsversicherung 127
– Gefahrenbewusstsein 33
– Haftpflichtversicherung 127
– Kinderinvaliditäts-Zusatzversicherung 127
– Kinder-Unfallversicherung 127
– Möbelqualität 111
– Spielplatz 76 f.
– Zusatz-Krankenversicherung 127

D

Denken, logisches 27
Desinfektionsmittel 43
DIN-Normen 130 f.
DLRG 57

E

Elektrospielzeug 95
Eltern-Vorbild 28
Eltern-Kind-Initiativen 121
E-Mailadresse 105
Ergonomie 98
Erste-Hilfe-Maßnahmen 78 f.
Etagenbett 89

F

Fahrradanhänger 62 f.
Fahrradfahren 55
– Fahrverhalten 68
– sicherheitsbewusstes 67
– StVO 67
Fahrradgröße 68
Fahrradhelm 32, 55 f.
Fahrradklingel 66
Fahrradsitze 60
Fallschutzplatten 44
Fehlerstromschutzschalter 39
Fenstergriffe, abschließbar 40, 96
Fenstersicherung 96 f.
Fernsehen 102
Fernsehkonsum, Richtlinien 100
Fernsehnachrichten 101
Fernsehverbot 100
Fluorid 74
Früherkennungsuntersuchungen 71
Fußballspiel 20

G

Gartenarbeit 51
Gartengeräte 50
Gartenschuppen 50
Gartenteich 48 f.
Gefährdungen, allgemeine 41
Gefahren
– altersgruppenspezifische 21
– erkennen 17 f.
– voraussehen 18 f.
– vorbeugen 19
Gefahrenaufklärung 33
Gefahrenbewusstsein 11, 17, 20
Gefahrenquellen 29 f.
– im Freien 47
– zu Hause 36
Gefahrenschwerpunkte 36 f.
– Badezimmer 39
– Balkon 40
– Fenster 40
– Kinderzimmer 41
– Küche 37
– Spielplatz 43
– Wohnräume 40
Gefahrensituation 78
Geräuschlokalisierung 13
Geschwindigkeit einschätzen 15
Gesichtsfeld 12
Gesundheitsvorsorge 71
Giftpflanzen 51 f.
Goldenes M 113

Goldregen 52
Grillen 57 f.
Gummitiere 57
Gütezeichen 112

H

Haftpflichtversicherung 124
Haustiere, 46
Helm 55
Herdplatten sichern 37 f.
Herkulesstaude 52
Hochbett 89
Hochstuhl 93
Hort 123
Hörvermögen 12
Hygiene 74 f.

I

Ich-Bewusstsein 24 f.
Impfungen 72
Infektionskrankheiten 73
Inlineskaten 55
Internet 9
– Bekanntschaften 105 f.
– Chats 105 f.
– herunterladen 107
– kindergefährdend 104
– Kostenfaktor 103
– Selbstdarstellung 104 f.
– Surfzeiten 107
– Zeitlimits 104
Internetnutzung 103
ISOFIX-Systeme 65

J

J1-Untersuchung 71 f.

K

Kabel 42
Kampfsport 34
Kantenschutzkappen 41
Kinderarbeitsplatz, ergonomischer 99
Kinderbett 87
Kinderfahrrad 65 f.
Kindergarten 114 f.
– Auswahl 118
– Eltern-Mitarbeit 120
– kirchlicher 119
– Montessori 120
– städtischer 119
– Waldorf 121
Kindergartenalter 26
Kindergartenplatz, Rechtsanspruch 115
Kinderhochstuhl 92

Kinderliegesitze 87
Kindermatratzen 88
Kinderschutzsoftware 104 f.
Kindersicherungspflicht 64
Kindersitz Fahrrad 61
Kindertagesstätte 114 f.
Kinder-Unfallversicherung 123 f.
Kinder-Untersuchungsheft 71
Kinderzimmer 8 f.
– Einrichtung 80
– Größe 81
– Lage 82
– Planung 80
Kinderzimmermöbel 83 f.
Kita-Platz 116
Kletterbäume 19 f., 48
Klettern 30, 46
Kompetenz, soziale 19
Konzentration 16 f.
Konzentrationsfähigkeit 54
Kopfverletzungen 55
Krankenversicherung 123

L

Label
– Blauer Engel 113
– CE 112
– GS 112
– spiel gut 113
– VDE 112
Lauflernhilfen 90
Laufstall 91
Leitern 50
Luftmatratze 57

M

Magnetschlösser 38
Mannschaftssport 54
Medienkompetenz 9, 100
Medikamente 39
Möbel, ergonomische 98
Montessori-Kindergärten 120
Motorik 11, 13, 54

N

Nachbarskinder 48
Naturkindergarten 122
Netzwerk
– Jugendschutz 106
– Schüler VZ 105
– Schülerprofile 105
– soziales 106
– spickmich 105
Notfallverhalten 78

P

Passivrauchen 75
Pastinake 52
Prüfzeichen 112
Putzmittel 38, 42

R

Radfahren 22 f.
Reaktionsvermögen 14 f.
Regenwasserbecken, -tonnen 48 ff.
Riesenbärenklau 52
Risikotoleranz 56
Rollenspiele 19
Routinehandlungen 32

S

Schalensitze 92
Schaukeln 45
Schranktüren 38
Schubladen 38
Schulbus 69 f.
Schulkinder-Möbel 85
Schulranzen 69
Schulweg 17, 21 f., 68 ff.
Schutzkappen 97
Schwimmen 57
Schwimmhilfen 57
Schwimmunterricht 50
Sehvermögen 11
Selbstverteidigung 34
Sensorik 11, 16
Sicherheitsgurt 32, 64
Sicherheitsmaßnahmen 31, 96
Signalwimpel 63
Situationen, stressbestimmte 32
Sitzhöhe 99
Skateboardfahren 55
Spielplatz
– Fallschutz 44
– Garten 47 f.
– Hof 47
– Kleidung 46
– Umgebung 46
Spielplatzgeräte 43 f.
– Wartung 45
Spielzeug 94
– Anschaffungstipps 108
– CE-Kennzeichnung 95
– GS-Zeichen 95
– Kauf 110
– Rückrufaktionen 108
– Schadstoffe 95
– Sicherheitsaspekte 110
– Sicherheitsrisiken 110

– TÜV 109
– VDE-Gütesiegel 95
– Warnhinweise 95
Spielzeuggröße, Faustregel 94
Spielzeugrichtlinie 95
Sport 53
Sportarten, unfallträchtige 16
Sportunfälle, häufige 53
Sportverletzungen 55
Steckdosen 39, 41
Stolperfallen 97
Straßenverkehr 16 f., 59 f.
Streifen, reflektierende 67
Surfzeit 103

T

Tagesmütter, -väter 116 f.
Tagespflege, Kosten 117
Tagespflegeperson, qualifizierte 116
Tisch-Stuhl-Kombination 92
Treppenstühle 92
Triptraps 92

U

U1 bis U9 71
Unfälle 8 ff.
– häuslicher Bereich 21
Unfallschwerpunkte 22 f.

V

Verbote 33
Verhalten, sicherheitsbewusstes 32
Verkehrserziehung 22, 59
Verkehrsmittel, öffentliche 70
Verkehrssicherungspflicht 48
Verriegelungen 38
Versicherungen 9 f., 123
Vogelbeerstrauch 52
Vorschulalter 21 f., 53
Vorsorgeimpfungen 72
Vorsorgeuntersuchung 71

W

Waldkindergarten 122
Waldorf-Pädagogik 121
Wickelkommode 86

Z

Zahnpflege 73 f.
Zahnputztipps 75
Zebrastreifen 28
Ziersträucher 52
Zone, kindersichere 30
Zusatz-Krankenversicherung 125

DIN-Ratgeber Kindersicherheit

Sehr geehrte Kundin, sehr geehrter Kunde,

dieses Buch können Sie auch als E-Book im PDF-Format beziehen.

Ein Vorteil dieser Variante: Die integrierte Volltextsuche. Damit finden Sie in Sekundenschnelle die für Sie wichtigen Textpassagen.

Um Ihr persönliches E-Book zu erhalten, folgen Sie einfach den Hinweisen auf dieser Internet-Seite:

www.beuth.de/e-book

Ihr persönlicher, nur einmal verwendbarer E-Book-Code lautet:

17103F129B583B5

Vielen Dank für Ihr Interesse!

Ihr Beuth Verlag

Hinweis: Der E-Book-Code wurde individuell für Sie als Erwerber des Buches erzeugt und darf nicht an Dritte weiter gegeben werden.